AF548032

Carrière
Steinbruch ethnologisch - kulturwissenschaftlicher Beiträge

Herausgegeben von

Kalden-Consulting

Die Deutsche Bibliothek – CIP Einheitsaufnahme

Kalden-Consulting (Hrsg.):
Carrière - Steinbruch ethnologisch-kulturwissenschaftlicher Beiträge
Band: Kalden, Wolf Hannes: Vorträge gehalten für die Deutsch-Japanische Gesellschaft Wetter. Printausgabe der Onlinepublikationen.

ISBN 978-3-942818-19-3

Druck: Books on Demand GmbH, Norderstedt

Biographische Informationen der Deutschen Bibliothek
Die Deutsche Bibliothek verzeichnet diese Publikation in der Deutschen Nationalbibliographie; detaillierte bibliographische Angaben sind im Internet über http://dnb.ddb.de abrufbar.

Vorträge gehalten für die Deutsch-Japanische Gesellschaft Wetter

Printausgabe der Onlinepublikationen

Wolf Hannes Kalden

Inhaltsverzeichnis

Japan Automobile Federation – Pannenhilfe am Ende der Welt 9

Mythos, Ritus, Ritual 19

Bemerkungen zur Genese neuheidnischer Kulte - Wiedergeburt der alten Götter? 37

Vom *Hölzerlips* und den *Lumpensammlern* - Hessisches Räuberleben im Übergang 18. / 19. Jahrhundert 49

Ein kurzer Beitrag der Marburger Pathologie zu modernen Wandersagen 65

Wie wählt Russland? Russlands Staatsoberhäupter im Spiegel 75

Hinweise für Interessierte Autoren zur Manuskriptgestaltung 81

Japan Automobile Federation

Pannenhilfe am Ende der Welt[1]

Sie sind uns allen ein Begriff und fallen im Straßenverkehr sofort auf: die „Gelben Engel" des ADAC (Allgemeiner Deutscher Automobilclub) oder die rot-silbernen Pannenfahrzeuge des AvD (Automobilclub von Deutschland) bzw. des ACE (Auto Club Europa). Sie sind uns geläufig und vertraut - selbst jemandem, der in seinem Leben weder Autopanne noch Unfall gehabt hatte. Dies mag an der Medienpräsenz liegen oder da sie uns, dank moderner Marketingstrategien, schon im Kinderzimmer in Spielzeugformat begegnen. Wir sehen die Fahrzeuge der Gelben Engel und wissen, dass sie im Falle eines Unfalles oder einer Panne helfen - und im Umkehrschluss hoffen wir auf ihr baldiges Erscheinen, wenn wir selber eine Panne mit dem Auto haben. Vorausgesetzt einer aktiven Mitgliedschaft in diesen Vereinen und eines älteren, die Abwrackprämie überlebt habenden Fahrzeuges, wo ein Hoffen auf die Pannenhilfe über die Mobilitätsgarantie des Herstellers sinnlos wäre. Pannendienst ist ohne Frage rot-silbern oder gelb!

Aber kommt immer eines der Fahrzeuge des jeweiligen Automobilclubs? 2002 bleibt ein Ehepaar bei einer Städtereise nach Prag mit seinem Fahrzeug liegen, ruft den Automobilclub seines Vertrauens an und nach einigen anfänglichen Schwierigkeiten im deutsch-tschechischen Benennungswirrwarr von Stadtteil und Straße kann am Servicetelefon der genaue Pannenort lokalisiert werden. Pflichtbewusst schickt der Servicemitarbeiter einen Pannendienst zur angegebenen Stelle, welcher eine dreiviertel Stunde später

[1] Basierend auf einem Vortrag, gehalten am 15.03.2009 bei der Deutsch-Japanischen Gesellschaft Wetter.

eintreffen sollte. Anderthalb Stunden später ruft wieder das gleiche Mitglied in der Servicezentrale an und fragt etwas ungehaltener nach dem Verbleib des angekündigten Pannenhelfers. Die Rücksprache mit dem tschechischen Kooperationspartner ergibt, dass dieser sehr wohl einen Pannendienst rausgeschickt hatte, dieser auch das Ehepaar an seinem Fahrzeug antraf, aber sofort wieder weggeschickt wurde, denn man habe ja in Deutschland seinen Automobilclub angerufen und dieser würde gleich eintreffen. Der tschechische Mechaniker zog daraufhin wieder ab und das Pärchen wartete weiter. Letztendlich konnte die Situation geklärt werden und bei der zweiten Ausfahrt akzeptiert der Kunde auch den tschechischen Mechaniker. Das Auto wird repariert und die Fahrt kann fortgesetzt werden. Warum wurde wohl der Mechaniker beim ersten Mal weggeschickt? Nun, vielleicht lag es an der Kommunikation, denn er sprach kein Deutsch und das Pärchen kein Tschechisch, vielleicht lag es aber auch daran, dass sein Pannenhilfsfahrzeug weder gelb noch rot-silbern gewesen ist. Wir sind eben seit unserer Kindheit auf diese Farbgebung konditioniert.

Welche Verbindung hat aber diese tschechische Anekdote mit dem japanischen Automobilclub, der Japan Automobile Federation (JAF)? Nun, neben der Moral, dass Hilfe in einer anderen Form bzw. Farbgebung kommen kann, als sie erwartet wird, soll sie verdeutlichen, dass deutsche Automobilclubs zwar weltweit ihre Mitglieder betreuen, aber nicht selber vor Ort sind, wie es die Werbung bisweilen suggeriert. Im Ausland wird das Geschäft mit Kooperationspartnern abgewickelt. Falls Sie daher im japanischen Frühsommer, in dem die Temperaturen noch angenehm und nicht zu schwül sind, von der Hafenstadt Shimonoseki starten, sich dort im Akama-jingu die Gräber der bei Dannoura gefallenen Taira-Krieger und die Statue des ohrlosen Hoichi anschauen, dann die Straße 191 Richtung Nordwesten die Küste entlang zur alten Burgstadt Hagi nehmen und zufällig auf Höhe der wunderschönen Küstenfelsen Nagatos eine Panne haben, sollten sie nicht auf einen gelben Engel warten – zur Verfügung werden jedenfalls die blau-weißen Engel der JAF stehen.

JAF-Pannenfahrzeug (Quelle: JAF 2008)

JAF-Pannenfahrzeug (Quelle: JAF 2008)

JAF-Begleit- und Absicherungsfahrzeug (Quelle: JAF 2008)

Mit einer relativ stabilen Mitgliederzahl von ungefähr 17,2 Millionen in den Jahren 2003 bis 2008 zählt die JAF leicht mehr Mitglieder als der ADAC mit 14 bzw. 16 Millionen Mitgliedern im gleichen Zeitraum und gehört damit zu einem der größten Automobilclubs weltweit nach dem us-amerikanischen *triple-A*, der American Automobile Association (AAA) mit geschätzten 46 Millionen Mitgliedern. Bereits innerhalb des ersten Jahres nach Eröffnung der Tokyoter Zentrale am 24. Oktober 1962 in Shiba Takanawa fusionierte die JAF mit der Japan Automobile Association (JAA) und beantragte die Aufnahme im internationalen Automobilclub Federation Internationale de l'Automobil (FIA). Zudem übernahm die JAF die internationale Vertretung des japanischen Automobilsports und kooperiert weltweit mittlerweile mit über 60 Automobilclubs und Motorsportverbänden. Zeitgleich mit der ersten Ausrichtung des Autorennens von Suzuka 1964 konnte erstmals seitens der JAF auf Autobahnen Pannen- und Unfallhilfe angeboten werden. Im folgenden Jahr 1965 wurden die ersten Regionalcenter eröffnet, von denen landesweit die Hilfe koordiniert wird. Bis 2008 waren die neun, mittlerweile acht Regionalcenter in den Regionen Hokkaido, Tohoku, Kanto, Chubu, Shikoku und Kyushu angesiedelt. Zudem konnte die JAF 1965 den dritten Japan Grand Prix am Fuji-Speedway-Course ausrichten. Sieben Jahre später folgte als Großereignis das erste Treffen der FIA in Asien und 1992 das erste Solarfahrzeugrennen von Suzuka. 2002 folgte die Ausrichtung der Asia-Pacific Rally Championship der FIA erstmals in Japan im Rahmen der Rally Hokkaido 2002.Nach dem schweren Hanshin Erdbeben 1995 schickte die JAF neben finanzieller Hilfe viele Teams zu Räumungs- und Wiederaufbaumaßnahmen in die zerstörten Gebiete. Ähnlich zu früheren Aktionen wie der Bewerbung der Gurtpflicht Ende der 1970er Jahre setzt sich die JAF seit 2000 dafür ein, dass sich jeder Autofahrer vor jeder Abfahrt 10 Sekunden Zeit nimmt, sein Fahrzeug optisch auf Sicherheitsmängel zu überprüfen und seit 2001 fungieren die Regionalzentren zusätzlich als Ausbildungsstätten für Mitarbeiter der 60 ausländischen Kooperationsclubs, wie der Automobil Association Uganda, an den Systemen der JAF.

In den mittlerweile in jeder der 53 Präfekturen angesiedelten Filialen werden die außerhalb des Kerngeschäftes der Pannen- und Unfallhilfe angesiedelten, zahlreichen Serviceleistungen angeboten, wie amtlich zugelassene Übersetzungen von Fahrerlaubnissen, Fahrsicherheitstrainings, Kurse zur Erlangung von Motorsportlizenzen, Hilfe bei der Abwicklung von Zollformalitäten bei internationalen Reisen mit eigenen Autos. Daneben profitieren Mitglieder für ihren Jahresbeitrag von 2.000 Yen bis 4.000 Yen (2008 ca. 15 bis 30 Euro) bei der JAF von Vergünstigungen zwischen 10 % und 30 % bei Partnerunternehmen wie Vergnügungsparks, Mietwagenfirmen (Toyota Rent-a-car, Nissan Rent-a-car, X-Rent-a-car, Nippon Rent-a-car; Hertz, Mitsubishi Rent-a-car, Japaren, Orix Rent-a-car, Mazda Rent-a-car, Avis), Hotelgruppen (Bspw. Tokyu, Washington Group, Solare Hotels & Resorts, Hankyu Daiichi, Okura Hotels & Resorts, Sun Route, Mitsui Urban, Prince, ANA und Holiday Inn), Fähren (Tokyo Wan Ferry, Higashi-Nihon Ferry, Shosen Mitsui Ferry, Taiheiyo Ferry, Miyazaki Car Ferry, Kansai

Kisen, Nankai-Shikoku-Line, Maru A Ferry) und Reisebüros. Zudem haben die Mitgliedausweise seit 2004 eine Kreditkartenfunktion.

JAF Kyushu Call Center (Quelle: JAF 2008)

Im Geschäftsjahr April 2007 bis März 2008 leistete die JAF 2,7 Millionen Panneneinsätze, wobei in knapp 82 % der Fälle vor Ort das Problem behoben werden konnte und kein Abschleppen notwendig war. Jeder Einsatz setzt sich aus einer Pauschale zusammen, die für Mitglieder kostenfrei ist, Nicht-Mitglieder aber bis 90 € zzgl. 1,50 € pro Fahrtkilometer des Einsatzfahrzeuges ab Ausrückort kosten kann und der eigentlichen Pannenhilfe, welche bis zu einer halben Stunde kostenfrei ist sowie notfalls der Abschleppung zu einer Fachwerkstatt bis zu einer Entfernung von 15 km sowie ca. 4€ für jeden weiteren Kilometer. Abgesichert werden können Fahrzeuge mit einem Gesamtgewicht von bis zu 3 Tonnen.

JAF-Abschleppfahrzeug (Quelle: JAF 2008)

JAF-Abschleppfahrzeug (Quelle: JAF 2008)

Wie auch seine deutschen Pendants hilft der japanische Automobilclub sowohl seinen Mitgliedern als auch Nicht-Mitgliedern. In dem besagten Jahr lag die Verteilung dabei bei 86,6 % zu 13,4 %. Hinsichtlich der Pannenursache war es in 34,7 % der Fälle eine defekte Batterie, gefolgt von 15,5 % Aussperrungen aus dem eigenen Fahrzeug und 10,7 % Reifenpannen. Einsätze aufgrund von Unfällen machten lediglich 6 % der Einsätze aus. Aufgrund der Gefahr, die von dem Verkehr auf Autobahnen ausgeht, wird, wie hier in Deutschland, nur in den wenigsten Fällen eine Pannenhilfe auf dem Seitenstreifen versucht - zur Sicherheit der Mitglieder wie auch der Mitarbeiter werden liegengebliebene Fahrzeuge zuerst zum nächsten Parkplatz oder der nächsten Ausfahrt abgeschleppt. Im Schnitt ist der japanische JAF innerhalb von 25 Minuten vor Ort und zwar an 365 Tagen pro Jahr sowohl tagsüber wie auch nachts - weit schneller als dies ADAC oder auch AvD ihren Mitgliedern, insbesondere nachts, bieten können.

JAF-Motorrad (Quelle: JAF 2008)

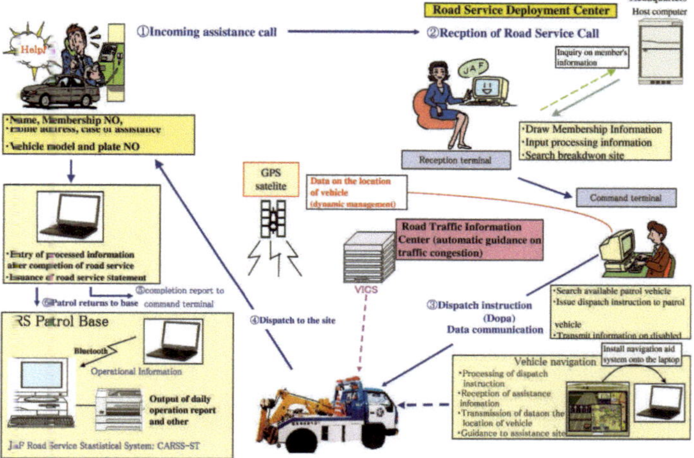

JAF Bearbeitungsablauf Pannen- / Unfallmeldung (Quelle: JAF 2008)

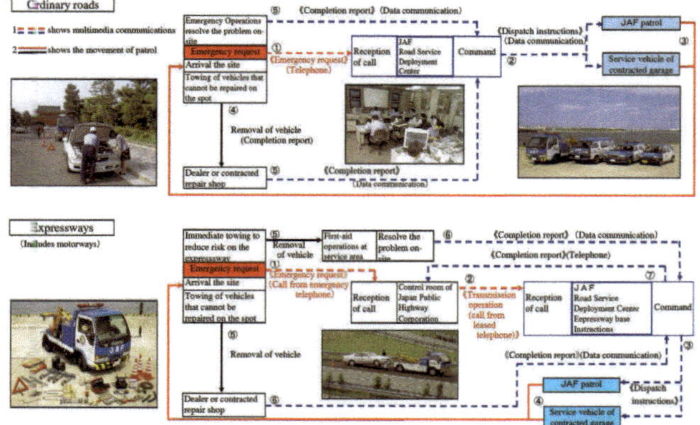

JAF Bearbeitungsablauf Pannen- / Unfallmeldung (Quelle: JAF 2008)

Mythos, Ritus, Ritual[2]

Sie sitzen bei ihrem Hausarzt und bekommen eine Seitenstrang-Angina attestiert. Für den Betroffenen mag dies zwar weniger angenehm sein und er wird wissen, dass er noch ein paar Tage mit Halsschmerzen verbringen wird, aber zumindest braucht er sich nicht zuerst mit dem behandelnden Arzt zu einigen, was unter einer Rachenentzündung zu verstehen sei. Naturwissenschaftliche Fachtermini mögen zwar kontextgebunden sein, haben aber die Eigenschaft, über zeitliche Grenzen hinweg sich relativ interpretationsabweisend zu zeigen. Die besagte Seitenstrang-Angina benannte vor vielen Jahren schon eine Rachenentzündung und wird dies auch noch in einigen Jahrzehnten tun.

Ganz anders sieht es im Fachwortschatz gesellschaftlicher Fächer aus. Insbesondere ethnologische Termini sind oftmals dem sprachlichen Allgemeingut entnommen und unterliegen so wie der Gesamtwortschatz einer Sprache viel stärker zeitlichem Wandel, aber auch - aus fachlicher Sicht - unangebrachter Verwendung. Da die sinngebende Komponente der Kommunikation nicht einseitig auf oral artikulierten Lauten eines Sprechers beruht, sondern die Rezeption im Ohr des Gegenübers nicht minder bedeutend ist, kann dies allerdings doch bisweilen zu Missverständnissen führen. Man stelle sich eine Situation vor, in der ein Streifenbeamter der Sitte mit einem gelernten Schriftsetzer über *Hurenkinder* philosophiert. Wenn Sprösslinge von Prostituierten auf den schriftsetzerisch, ästhetisch-handwerklichen Fehler einer letzten Absatzzeile auf einer Folgeseite trifft.

---

[2] Der Text basiert auf einem Vortrag gehalten am 13.05.2008 bei der Deutsch-Japanischen Gesellschaft Wetter.

Ein ganz so starkes Aneinandervorbeireden wird der Begriff *Ritual* vielleicht nicht hervorrufen, auch wenn er über eine immense Interpretationsbreite verfügt. Das eng mit *Ritual* zusammenhängende Wort *Ritus* ist ein feierlicher, religiöser Brauch und *ritualis* bedeutet soviel wie „dem religiösen Brauch entsprechend". Aus dessen Neutrumsform *rituale* ist das Wort entstanden, was heutzutage als *Ritual* bzw. als *Ritualien* nicht nur die Gesamtheit der Riten eines Kultes umfasst, welche wiederum für sich alleine jeweils einen religiösen Brauch, eine Kulthandlung oder die Gesamtheit der Bräuche bei einem Gottesdienst darstellen, sondern bereits ein schematisches, feierliches Vorgehen. Gerade bei letzter Definition ist der religiöse Charakter des Rituals weitgehend verloren gegangen. Legt man auf diesen Charakter aber Wert, sollte dieser Begriff in seine Aspekte zerlegt werden, um weiter in die tiefere Bedeutung des Wortes eindringen zu können.

Aber was ist denn der oben zur Definition herangezogene religiöse Brauch? Ein *Brauch* (Althochdeutsch *bruh*: brauchen) bezeichnet eine Sitte, also eine auf den allgemeinen Moralgesetzen beruhende Verhaltensweise bzw. eine allgemein verbreitete Gewohnheit, eine durch ständige Wiederholung selbstverständlich gewordene Handlung oder Eigenheit. Doch was ist Moral? Es ist eine sittliche Verhaltenslehre, die in Verbindung steht mit den Standards für ein gutes oder schlechtes Verhalten, Gerechtigkeit, Ehrlichkeit und anderen Werten, an die jede Person noch mehr glaubt als an Gesetze oder dergleichen Kodizes. Dabei lässt sich eine moralische Person als solche beschreiben, deren Verhalten von den meisten Mitmenschen als korrekt und ehrenwert empfunden wird, was auf die nicht zu unterschätzende gesellschaftliche sowie kulturelle Komponente von Moral hindeutet. Somit lassen sich Riten zunächst als konform richtiges Verhalten definieren.

Dem Versuch einer Definitionsfindung von Ritual ließe sich schnell entziehen, folgte man Wolf Rainer Wendt in seiner Feststellung, Menschen verstünden unter rituellem Handeln recht Verschiedenes, und bliebe man dort stehen. Selbstverständlich beeinflusst der gewählte Blickwinkel, das umrissene Beobachtungsfeld oder der konzeptionelle Ansatz die Definition. Metaphorisch gesprochen kommentiert Wendt im Zugang eines Hohlweges, eine Definition scheine ausgeschlossen, fessele sie uns doch mit Abgrenzungen und einer Eigenheit, der sich der mannigfaltige und weite Charakter des Rituals entzöge. Vielleicht lohnt es sich aber, Schritt auf Schritt in diesen Hohlweg hineinzugehen, um zu sehen, wo er sich wieder öffnet.

Wenn es in der Alltagsverwendung auch nicht immer so offensichtlich scheint, steht das Ritual in einer engen Beziehung zum Mythos, wobei diese Nähe vermutlich auf einer ursprünglich religiösen Grundtextur der Kultur beruht, die sich durch bestimmte kultische Zeichen und Bereiche auszeichnete. Diese Symbole wiederum spielen bis heute eine zentrale Rolle im sozialen Selbstverständnis und in den Weltbildern des Menschen als *animal symbolicum,* des sich durch Symbole definierenden Tieres. Der Mensch braucht Gesellschaft, definiert sich durch seine Umgebung und kann ohne diese Umwelt nicht leben. Das menschliche Miteinander ist Grundlage seiner Existenz, insbesondere wenn Gesellschaft zum Zweckverband von Individuen zur Sicherung ihrer Bedürfnisse abstrahiert wird. Es ist dabei unerheblich, ob über Stammesgesellschaften oder über moderne Industriegemeinschaften gesprochen wird: Beide müssen in irgendeiner Weise die gleichen Bedürfnisse befriedigen. Die Rolle der Symbolik spiegelt sich gerade in solchen Situationen und Orten wieder, wo der kulturelle Code von Symbolen und damit auch Ritualen nicht entschlüsselt werden kann und somit den Beteiligten eine Befolgung der nahe gelegten Handlungen unmöglich macht. Dies tritt besonders deutlich bei Begrüßungen, Mahlzeiten, bei feierlichen oder religiösen Anlässen hervor, sobald sie in unvertrauten kulturellen Zusammenhängen stattfinden. Hier grenzt sich das *Andere* – das *Fremde* – ab und es kommt zu der von Ethologen als kulturelle Pseudospeziation bezeichneten Handlung mit all ihren Facetten. Die eigene Ritualität der Handlung wird dabei durch das Absprechen gerade dieser Ritualität bei den Anderen hervorgehoben. Als *französisch Verabschieden* wird beispielsweise ein Abschied ohne freundschaftlich verbindende Rituale bezeichnet. Symbole und Rituale fungieren als Steuerzeichen unserer Kultur. Sie bilden Verständigungskodices sozialer Beziehungen, wobei Symbole den Bedeutungscode repräsentieren, Rituale den Handlungscode.

Der wohl erste Kultur- und Großstadtsoziologe Georg Simmel (1858-1918) beobachtete die Kulturformen der Moderne mit ihren Symbolen und Ritualen im urbanen Leben. Die Verwendung von Symbolen hat sich schon früh aus ihrem engen, religiösen Ursprungsbereich gelöst und auch die Grenzen ihres zweiten klassischen Anwendungsbereiches, jenen von Macht und Herrschaft, überschritten, so dass sie mittlerweile in unserer modernen Welt fast jede Nische besetzt, wobei unser Ritualverständnis sich dabei so erweitert hat, dass es inzwischen auf vielfältige kodifizierte Interaktionsregelungen anwendbar ist, sobald sie nur eine gewisse Formelhaftigkeit und Zeichenhaftigkeit aufweisen. In allen Bereichen sehen wir Handlungen in Rituale gefasst, wobei gerade hier drin eine Gefahr der Erweiterung und Verwässerung des analytischen Begriffes *Ritual* liegt.

Einer religiösen Grundtextur aller Kulturen entsprechend vertrat W. Robert Smith 1899 die Ansicht, dass Mythen den Riten gewissermaßen als Deutungen aufsitzen. Nicht der Ritus wurzelt im Mythos, sondern dieser leite sich in freier Variation aus dem Mythos ab. Jane Harrison betont, „was der Ritus vollzieht, entbirgt der Mythos als Sinn". Ritus und Mythos verhalten sich wie Handeln und Denken: Zu vielen einzelnen Riten gehört das gesprochene – respektive gesungene – Wort, oder sie werden von Erzählungen begleitet, die Ausdruck einer bestimmten Form des Bewusstseins sind, und dessen Rang als Wiedergabe eines Mythos in ihrer rituellen Inszenierung bekräftigt wird. Der Mythos beinhaltet sowohl eine symbolische als auch mythologische Funktion in seiner Zwitterstellung zwischen gedachter und gelebter Welt. Aber bei wachsender Entfernung von der rituellen Basis und von dem ursprünglichen Mythos geht dieser Prozess mit einem Kraftverfall und Plausibilitätsverlust einher. Wenn die Zuhörer die Abwandlungen der Geschichte nicht mehr in den gewohnten Wiederholungen zu folgen vermögen, tritt im günstigsten Fall der künstlerische Eindruck an die Stelle der Überzeugungskraft. Der Mythos wird zur überlieferten Sage, die das Publikum kaum noch bannt. So können wir letztendlich den Mythos als Transformation eines Rituals definieren, resümierte Wallace 1966. Wenn man von den Mythen, die über keine rituelle Basis verfügen, und Riten, frei von Geschichten, absieht, stellt der Mythos die Theorie des Rituals dar und bildet mit dessen Praxis das, was man Religion nennt.

Den engen Zusammenhang zwischen Religion und Gesellschaft hat auch Èmile Graf von Durkheim (1858-1902) gesehen. Hinter allen einzelmenschlichen Leistungen eine überindividuelle soziale Wirklichkeit sehend, kennzeichnet er Religion als eine „soziale Angelegenheit", wobei Riten, als sichtbarer Teil des Gemeinschaftslebens, Handlungen sind, die nur im Schoß von Gruppen entstehen können und die dazu dienten, bestimmte kollektive Geisteszustände aufrecht zu erhalten oder wieder herzustellen. Andererseits gelten sie auch als Verhaltensregeln, die dem einzelnen Menschen vorschreiben, wie er sich *heiligen Dingen* gegenüber zu benehmen habe. Schließlich können so auch Rituale in Abgrenzung zu anderen menschlichen Handlungen nur durch die spezielle Natur ihres Zieles definiert und unterschieden werden – und diese besonderen Ziele liegen im *Heiligen,* also im Gegensatz zum *Profanen.* Der „religiöse" Aspekt bezeichnet dabei weniger Glaubensvorstellungen und deren Inhalte, als vielmehr ein weltzugewandtes Werte- und Ordnungssystem, das Respekt vor den Regeln eines sozialen Zusammenlebens vermittelt und dieses zum Kern des gesellschaftlichen Konsensus erklärt: Zu etwas *Heiligem,* was den höchsten sozialen Wert beinhaltet. So lässt sich Ritual als ein Brauch im Sinne eines präzise geformten und tradierten Verhaltensmusters verstehen, das aber auch die Bedeutung von *In-Gebrauch-sein* enthält. Dieses *In-Gebrauch-sein* lehnt sich stark an Victor Turners Beobachtungen an, dass in tribalen und archaischen Gesellschaften Rituale oft mit Ausdrücken belegt werden, die unserem Begriff *Werk* entsprechen. Unser Wort *Werk* geht dabei auf seine indoeuropäische Wurzel *werg-o* zurück – etwas machen. Bantu sprechende Gruppen Afrikas benutzen dabei die gleichen Worte wie für Handlungen, die ein Jäger, Bauer oder Fabrikarbeiter durchführt. Auch unser Wort *Liturgie,* das zweifelsohne ein Ritual darstellt, leitet sich auch aus diesem Umfeld ab: dem griechischen *leos* - Mensch - und *ergon* - Werk, oder Arbeit.

Rituale markieren oftmals Grenzsituationen im Lebenslauf, insbesondere solche im noch engen Zusammenhang zur Religion. Der Mitbegründer der modernen französischen Ethnographie Arnold van Gennep (1873-1957) beschäftigte sich nicht als universitärer Forscher sondern als freiberuflicher Journalist und Übersetzer mit Grenzsituationen im Leben des Einzelnen wie der Gesellschaft und stieß überall auf solche Grenzen und auf deren entsprechenden Markierungen in Form von Symbolen und Ritualen. Feststellend dass es in einer Vielzahl ethnographischer Arbeiten zu Riten immer wieder zu Ähnlichkeiten kam, besonders in Bezug auf institutionalisierte, symbolische Übergangshandlungen, die durch das Leben notwendig gemacht worden waren, veröffentlichte er die Ergebnisse 1909 in seinem Werk über Übergangsriten. Mit diesem Werk hob er sich in seinem Ansatz stark von Durkheim sowie der französischen Ethnologie und Soziologie ab. Van Genneps Arbeiten wurden schließlich nicht nur in einer Rezension von Durkheims Neffen Marcel Mauss verrissen, sondern auch von der historisch-musealen Volkskunde nicht zur Kenntnis genommen. Allerdings griff der englische Sozialanthropologe Victor Turner 1964 den Ansatz von Gennep auf und setzte ihn fort. Der Fokus seiner Arbeit liegt auf einer kritischen Weiterführung der Erforschung von Riten, da seines Erachtens beinahe alle Riten die Verlaufsform eines *Überganges* aufweisen. Der Begriff der *Übergangsriten* (*Rites de passage*) war, wenn auch bereits geboren, nun getauft worden.

Jede Veränderung im Leben eines Individuums erfordert teils profane, teils sakrale Aktionen und Reaktionen, die reglementiert und überwacht werden müssen, damit die Gesellschaft als Ganzes weder in Konflikt gerät, noch Schaden nimmt. Das Leben der Menschen wird hierbei in Etappen unterteilt, deren End- und Anfangsabschnitte sich jeweils ähneln. Jahres- und Lebenszeiten, Wechsel zwischen Berufen, Schichten, Religionen und Alterstufen stellen solche Ereignisse dar, durch die sich etwas verändert und zu denen nach Gennep deshalb „Zeremonien gehören, deren Ziel identisch ist: Das Individuum von einer genau definierten Situation in eine genauso definierte Situation hinüberzuführen. Da das Ziel das gleiche ist, müssen auch die Mittel es zu erreichen, zwangsläufig, wenn nicht in allen Einzelheiten identisch, so doch zumindest analog sein. Jedenfalls hat sich das Individuum verändert, wenn es mehrere Etappen hinter sich gebracht und mehrere Grenzen überschritten hat." Arnold van Gennep benutzte 1909 zur Beschreibung der drei Phasen des Überganges zwei verschiedene Begriffsreihen, je nachdem, ob es sich um einen Übergang von einem kulturell definierten Zustand oder Status zu einem anderen oder um einen räumlichen Übergang handelte. Kulturelle Übergänge zeichnen sich durch die drei Phasen *Trennungsphase* (*rites de séperation*), *Schwellenphase* (*rites de marge*) und *Angliederungsphase* (*rites d'aggrégation*) aus, während bei räumlichen Übergangsriten auf die Begriffe *präliminal, liminal* und *postliminal* (Latein *limen*: Schwelle, Grenze) zurückgegriffen wird . Van Genneps Hypothese lautete, dass die Übergänge gleichsam die Schwachstellen aller Gesellschaften seien, weil Grenzen zugleich auch Ordnungen bedeuten. Wer Grenzen überschreitet, begibt sich aus einer Ordnung heraus, muss also gleichzeitig in eine andere Ordnung eingebunden werden, um nicht das gesellschaftliche Gesamtsystem zu stören oder es zu zerstören. Alle Gesellschaften versuchen daher, diese Grenzüberschreitungen und Übergänge zu kontrollieren, indem sie rituelle und symbolische Festlegungen haben. Die *Rites de passage* regeln diesen Wechsel und weisen dabei alle die folgenden Merkmale auf: In der ersten Phase weist das symbolische Verhalten auf die Trennung eines Einzelnen oder einer Gruppe von einem fixierten Punkt in der Sozialstruktur, einer Reihe kultureller Bedingungen oder Beidem hin. In der folgenden Phase ist das rituelle Subjekt von Ambiguität gekennzeichnet, es durchschreitet einen kulturellen Bereich, der wenig oder keine Merkmale des vergangenen oder künftigen Zustandes aufweist. In der letzten Phase ist der Übergang vollzogen, das rituelle Subjekt befindet sich wieder in einem relativ stabilen Zustand und hat demzufolge anderen gegenüber klar definierte, durch die Sozialstruktur bedingte Rechte und Pflichten. Man erwartet, dass es sein Verhalten an tradierten Normen und ethischen Maßstäben ausrichtet, die alle Inhaber sozialer Positionen in ein System solcher Positionen einbezieht.

Die zweite, von Ambiguität gekennzeichnete Phase wird von Turner als „Antistruktur“ oder als *„betwixt and between“* bezeichnet und bildet den Kernpunkt seiner Forschungen. Dabei konzentriert er sich auf die Untersuchung der „limonoiden Formen“, d. h. offene, nicht routinierte Rituale. Die in dieser Phase handelnden Schwellenwesen befinden sich zwischen den vom Gesetz, der Tradition, der Konvention und dem Zeremonial fixierten Positionen. Häufig werden sie während des stark mit Symbolen durchdringenden Schwellenzustandes daher als *tot* angesehen und müssen durch die Angliederungsphase erst wieder erneut zum Leben erweckt werden. Während ihres *gesellschaftlichen Todes* verfügen sie über keinen Status, keinen Rang und kein Eigentum. In archaischen Übergangsriten werden sie häufig als Monsterwesen verkleidet, sind nackt, beziehungsweise fast nackt, oder tragen zumindest gleiche oder stark ähnelnde Kleidung. Vom Verhalten lassen sie sich als demütig oder passiv bezeichnen. Turner schaffte es, ausgehend von einem ethnologischen Ritualverständnis und der empirischen Erforschung von Ritualen in traditionellen Stammeskulturen, den Bogen immer weiter zu spannen, bis hin zu den verschiedenartigen symbolischen Ausdrucksformen in komplexen Gesellschaften, wie 1974 in seinem Buch *Vom Ritual zum Theater* beschrieben. Mit Turner ist aber auch ein Wandel bestimmter Sichtweisen auf Rituale verbunden: Das Ritual wird nicht mehr als „Eckpfeiler des gesellschaftlichen Konservatismus“ bewertet und als Ausdruck herrschender statisch zu verstehender Werte, sondern auch als Weg zur Gestaltung dynamischer und offener gesellschaftlicher Prozesse. Damit zusammenhängend ist auch die Hinwendung zum Ritualteilnehmer und ihn somit als handelndes Subjekt zu sehen. Das Ritual wird in seiner wissenschaftlichen Deutung nicht mehr zwangsläufig „erfahren“, sondern wird vielmehr zur kreativen und aktiven Form der Auseinandersetzung mit der Umwelt.

In Punkt *Ritualisierung* hat die Sozialwissenschaft stark das Denken der Biologen, ihre Beobachtungen und daraus resultierende

Rückschlüsse, besonders aber der Ethologen, beeinflusst. Ethologie ist die Lehre von Sitten und Gebräuchen eines Volkes, Charakterforschung, sowie die Lehre von der Lebensweise der Tiere. Ethologen entdeckten in der Beziehungsregulation von Tieren ein quasi-rituelles, zeremonielles Verhalten. So zeigen höhere Tiere zum Beispiel vor der Paarung Verhaltensabläufe, die über die Notwendigkeit der Arterhaltung weit hinausgehen. Viele äußerlich verschiedenartige, kulturelle Rituale können als Ausdifferenzierungen von erblich angelegten Interaktionsstrategien ausgelegt werden, die wir als elementare Verhaltensmuster in universell ähnlicher Ausprägung bei Kindern verschiedenster Kulturbereiche finden. So gibt es bereits sehr früh Dialoge des Gebens und des Nehmens als Strategie der Kontaktstiftung und Kontaktfestigung. Die oft recht komplizierten kulturell geregelten Rituale des Schenkens und Teilens dürften auf dieser Anlage ausgestaltet worden sein. Verhaltensforscher wie Nico Tinbergen zeigten, dass ein Vergleich der Formen solchen Verhaltens innerhalb einer Art und zwischen nicht verwandten Arten zur Erkennung von Verhaltenshomologien führen kann und damit zur Identifizierung des Ursprungs eines Ausdruckverhaltens. Dieses Verhalten, das sich typischerweise durch kommunikationswirksame Veränderungen wie erhöhte Auffälligkeit, Übertreibung und Stereotypie auszeichnet, wird schließlich als „Ritualisierung“ definiert. Diese noch nicht einer Ritualisierung unterworfenen Ursprünge des Ausdruckverhaltens wurden in den meisten von Tibergen behandelten Fällen in Verhaltensweisen gefunden – gleich ob Mensch oder Tier – die in den sozialen Interaktionen auftreten, mit denen die Kommunikation gekoppelt ist. Hier finden sich Rituale ganz verschiedener Art, beispielsweise Floskeln zur Gesprächseröffnung, Blicklenkung, Wortwahl und Tonfall, die eine Situation für die Beteiligten z. B. als privat definieren und somit einem zufällig Hinzukommenden deutlich machen, dass er überflüssig sei. Dieser verfügt eventuell seinerseits wieder über Formen der Kontaktaufnahme, die er dann anwendet, wenn er zweifelt, ob die Aufnahme einer Beziehung erwünscht ist oder als Störung eines privaten Ablaufs empfunden wird. In diesem Fall gestatten diese

Rituale ihm einen sofortigen Rückzug, ohne dass dieser Rückzug seinerseits für die, die unter sich bleiben wollen, peinlich ist.

Auf dem Niveau eines konkreten Verhaltens gehen die unabhängig entwickelten Übereinstimmungen bis in alle Einzelheiten. „Das zeigen besonders schön die Rituale der Beschwichtigung, die im Grußverhalten von Mensch und Tier zu beobachten sind. Wie Tinbergen in einer Untersuchung über Beschwichtigungsgebärden ausführte, kehren viele Vögel ihre Waffen oder andere aggressionsauslösende Merkmale vom Partner weg, wenn sie freundlichen Kontakt suchen und beschwichtigen wollen. Tölpel (*sulidae*) heben den Schnabel steil zum Himmel - aus dieser Stellung können sie nicht zustoßen -, Lachmöwen kehren einander das Hinterhaupt zu und vermeiden damit, dass die schwarze, aggressionsauslösende Gesichtsmaske gezeigt wird. Und wenn Menschen im Umgang mit Waffen grüßen, dann verhalten sie sich ähnlich. Man präsentiert das Gewehr, d. h. man bringt es in eine Stellung, die deutlich ausdrückt, dass man die Waffe nicht gebrauchen will. Massai-Krieger drücken das gleiche aus, indem sie ihre Speere vor sich in den Boden stoßen. Oft legt man die Waffen ab, wenn man als Besucher Wohnung oder Kral des Gastgebers betritt." Dem folgend definiert Rappaport, eine allumfassende Definition des Begriffes *Ritual* suchend, diesen als ökologischen Ritus, der einfach nur das Miteinander, gleich ob Mensch oder Tier, regeln soll. Diese Definition bietet einen interessanten Aspekt, da man somit auch kriegerische Auseinandersetzungen als rituelles Verhalten sehen müsste.

Bemerkenswert für Ethologen sind die durch Selektionsdruck bewirkten Parallelen der kulturellen und stammesgeschichtlichen Ritualisierung aggressiven Verhaltens. Bei Tieren ist die innerartliche Aggression zumeist dermaßen reguliert, das sie miteinander kämpfen können, ohne sich zu beschädigen. Tiere kämpfen turnierhaft. Turnierkämpfe entwickelten sich aus Beschädigungskämpfen. Für den Kampf mit der Waffe entwickelte der Mensch ebenfalls Regeln, die es erlauben zu kämpfen, ohne dass der Gegner ernsthaft verletzt wird. Im Extremfall der Ritualisierung erleidet der Gegner überhaupt keinen physischen Schaden. Solche kulturellen Kampfregeln bildeten sich zunächst für den Konflikt zwischen Mitgliedern einer Gruppe als Regeln des Zweikampfes heraus. Krieg als Zwischengruppenkonflikt zielt dagegen bis zum heutigen Tag auf die ernste Schädigung, ja oft Destruktion des Gegners ab. Er trägt damit den Charakter eines zwischenartigen Konfliktes und das rührt wohl daher, dass die Gruppen sich in einer kulturellen Pseudospeziation voneinander scharf absetzen und die Anderen nicht als vollwertige Menschen betrachten. Es bahnen sich jedoch auch für den kriegerischen Konflikt ritterliche Umgangsformen an. Man erklärt den Krieg, anstelle den Gegner unvorbereitet zu überfallen, und man beschränkt den Kampf auf die Krieger. Letzteres jedenfalls offiziell. Somit könnte man die Genfer Konvention als Niederlegung eines Rituals, das Kriegsverbrechertribunal als dessen Institutionalisierung erkennen. Bei diesem Punkt tritt der scharfe Widerspruch und Konflikt im kulturellen und biologischen Normenfilter zutage – dass man seine Feinde töten soll trifft auf das Dogma nicht töten zu sollen.

In der modernen europäischen Welt, geprägt von ihrer jüdisch-christlichen Tradition, begegnen wir Riten *expressis verbis* fast ausschließlich im religiösen oder quasi-religiösen Bereich. Beispiele sind Trauerrituale und Kommunion beziehungsweise Konfirmation oder Firmung. Rituale werden gänzlich religiösen Phänomenen zugerechnet, die oft formelhaft-mechanisch durchgeführt werden und somit für viele ein von Zweck und Bedeutung entleertes Verhalten darstellen. Diesem Ansatz folgte auch Fritz Staal, der 1979 in seiner Theorie den stereotyp erscheinenden Handlungen jedes kognitive Bewusstsein absprach. So wird, wer sich als aufgeklärtes, mündiges Subjekt sieht, schnell dazu übergehen, Riten als ethisch, ökonomisch und politisch keine Rolle mehr spielende Ordnungen zu sehen, die schon deshalb anachronistisch erscheinen, weil sie nicht zweckrational überlegt sind und auch nicht so vollzogen werden. Da die meisten tradierten Rituale ihren ursprünglichen praktischen und mythischen Kontext verloren haben, lässt sich an ihnen leicht jeder positive Sinn absprechen. Eine einzelne ritualisierte Handlung restringiert in ihrer Ausführung jeden und so heißt es, Ritualität vertrage sich nicht mit einem emanzipierten, innovationsfreudigen und individualisierten Verhalten. Axel Michaels sieht im Zentrum die Idee, das Bedeutung, Sinn, Zweck und Funktion von Ritualen von sich aus jeder Umgestaltung widerstreben. So haben sie im positiven Sinne die Bedeutung, „bedeutungslos zu sein, weil so Zeitlosigkeit, Unveränderlichkeit, Unsterblichkeit - eben *religio* - für den sterblichen Menschen in Szene gesetzt werden können." Am Rande erwähnt, gibt es aber auch Religionen ohne den besagten Unsterblichkeitsaspekt - zum Teil sogar ohne Gott. Durch die postulierte Unveränderbarkeit der Rituale bilden sie aber Restriktionen für den Geist der Aufklärung, so steht in Europa die herrschende *Ratio* dem rituellen Handeln entgegen. Selbst im religiösen Leben gelten im heutigen Europa, solange es christlich geblieben ist, hergebrachte Riten wenig. Sie scheinen dem Wesen des Gottesdienstes nun mehr äußerlich. Hier, wie auch in moralischen Dingen und im sozialen Verhalten zählen vor allem die innere Einstellung und Überzeugung und nicht, was man sich zu kultivieren vornimmt. Der Zug in die Innerlichkeit hat uns zu Antiritualischen gemacht.

Schon lange hat der okzidentale Mensch die Überlegenheit der Wortsprache gegenüber dem schwerfälligen Ritus zu erkennen geglaubt. Denn ein Wort ersetzt einen ganzen, umständlichen Kriegstanz. Doch gerade die Beweglichkeit der Sprache nimmt ihr einen Teil ihrer Verbindlichkeit und erhöht die Möglichkeit des Missbrauchs und der Täuschung. Worte sind schnell gesagt, schnell vergessen, im Gegensatz zu einem gemeinsam durchgeführten Ritus, der über ein weit größeres Maß an Verbindlichkeit verfügt. Was wäre beispielsweise die Vereidigung des Bundespräsidenten ohne die dazu gehörende Zeremonie? Rituale demonstrieren besonders Gemeinsamkeit und sind in der Lage selbst in wenig vorkonstruierten und deshalb riskanten Situationen eine soziale Beziehung zustande kommen zu lassen, die eine störungsfrei ablaufende Kommunikation und Interaktion ermöglicht. Hierzu ist allerdings eine Zuwendung der Partner zueinander nötig, die sich wiederum gerade durch diese Zuwendung von der Außenwelt abschirmen. Insbesondere die Beziehungseröffnungen, aber auch ihr weiterer Verlauf sind bei öffentlicher Kommunikation gekennzeichnet durch zahlreiche Rituale, die nicht nur der jeweiligen Selbstdarstellung der Partner dienen, sondern der Demonstration dessen, was den Partner immer schon, trotz der Fremdheit, gemeinsam ist. Gerade weil das Gemeinsame nicht selbstverständlich ist, weil es vielleicht nur abstrakt vorgegeben ist, weil konkrete Gemeinsamkeiten vielleicht erst im Verlauf der Interaktionen hergestellt werden, bedarf es solcher ausdrücklichen Hinweise. Viele solche Hinweise und Bestätigungen verblassen allerdings mit der Zeit wiederum zu quasi-automatischen Ritualen – wie im Eingangs genannten Beispiel der Begrüßungsformeln – , deren Sinn kaum noch im Vollzug thematisiert wird. Gleichwohl schaffen sie ein Klima der Gemeinsamkeit, das erwiesenermaßen als Netzt wirkt, wenn die Kommunikation brüchig zu werden droht. All das lässt sich an den Höflichkeitsfloskeln der Gesprächsführung genauso zeigen, wie an der Rhetorik des Redners („Liebe Mitbürger, wir alle hier...“), am gemeinsamen Lied in der Kirche und in anderen Versammlungen, am Bildschmuck der öffentlichen Versammlungsräume und Plätze. Ein solches Klima ist durch eine klare Wortsprache nicht zu erzeugen.

In vielen vormodernen Kulturen finden wir die meisten Faszetten des Alltagslebens traditionell ausgeformt, fast wie Prototypen ursprünglicher Situationen erscheinend. Hier geht zumeist ohne Vorankündigung der Alltag regelmäßig in expressive Handlungsabläufe über, die ihren Grund offensichtlich nicht in den Anforderungen des physischen Lebens finden. Demgegenüber ist in Europa Ritualität in den vielen kleinen Dingen des Alltags weit davon entfernt, einer sakralen, großen Zeremonie zu gleichen. Erik Erikson spricht beim alltäglichen Zusammenspiel von Menschen, das sich in einer Mischung aus Förmlichkeit und Improvisation vollzieht, von „rituellen Gebräuchen“. Diese Alltagsriten des modernen Lebens kommen bloß noch in Freizonen und Nischen vor, die sich in der allgemeinen Rationalisierung des gesellschaftlichen Lebens und der individuellen Handlungen erhalten haben. Als Beispiel hierfür ließe sich der Karneval anführen, wo sich das individuelle Leben wenigstens gelegentlich, an gewissen Orten und zu gewissen Zeiten, an ein zur sozialen

Stimmung passendes und seiner utopischen Bedeutung nach passables Verhalten anpasst, gemäß der Struktur, in der das Leben rituell eingerichtet ist. Vielleicht gerade wegen dieses Rückzugs im Alltag in einzelne Nischen spiegelt die gegenwärtige Literatur und Medien gerne ein Bild von nach neuen Ritualen strebenden Menschen wieder, die allein darin die Möglichkeit sehen, ihr Leben zu meistern. Gerade Jugendliche scheinen dabei besonders anfällig für Ritualisierungen und Symbolisierungen ihrer Umgebung zu sein. Sollten diese Etappen nicht von der Umwelt vorgegeben sein, wie dies in traditionellen Gesellschaften der Fall ist, gehen viele Jugendliche dazu über, sich selber Rituale und deren Inszenierungen zu schaffen. Ihre eigene ritualisierte Welt schaffen sie sich auch unter Zuhilfenahme von Symbolen, die sie eindeutig von der Erwachsenenwelt distanzieren. Dies steht im Gegensatz zu Ritualen in nicht industrialisierten Gesellschaften, bei denen der Zweck eher in der Aufnahme in die Erwachsenenwelt liegt. Weiterhin sorgen häufig irrational wirkende Handlungen und Zielsetzungen für eine weitere Separierung zwischen eigener, geschaffener, ritualisierter Welt und der Realität. Alle Aspekte des gegenwärtigen Lebens in einem bestimmten Ritual erkennen glaubend, gehen Menschen auf die Suche nach äquivalenten symbolischen Handlungen, die die postulierten wichtigen Funktionen der Übergangsriten erfüllen können. Mit Hilfe theoretischer Literatur wird eine Notwendigkeit von Ritualen und Übergangsritualen konstatiert, die in der eigenen Gesellschaft im Zuge von Modernisierungsprozessen verloren gegangen ist.

In einem Werbetext für ein Buch der Autorin Diane von Weltzien heißt es, „Die Tagundnachtgleichen, Mittsommer und Mittsonnenwenden, Geburt, Initation, Ehe und Tod sind entscheidende Wendepunkte im Jahres- und Lebenslauf. In allen Kulturen wurden und werden sie noch immer rituell gefeiert. Nur bei uns scheint vieles davon in Vergessenheit geraten zu sein. [...] Lassen sie sich von den hier geschilderten Riten inspirieren. Greifen sie die eigens für dieses Buch entwickelten Ritualvorschläge zu Themen wie Scheidung, Umzug, Reinigung, Heilung und Visionssuche auf und integrieren sie sie in ihr Leben. Werden sie mit Ritualen ein spirituell-kreativer und ganzheitlicher Mensch." Genauso wie einst scheinen nach Paul Hugger auch heute die Menschen Rituale als existenzielle Lebenshilfen zu brauchen. Justin Stagl beschreibt dies als eine „Entleerung der Gesellschaft an Übergangsriten" im Vergleich zu archaischen Gesellschaften. Er entdeckt eine allgemeine Tendenz, Übergänge zu *ent-ritualisieren*. Stagl beschreibt als Kennzeichen der modernen Welt ein vereinheitlichtes Erfahrungsfeld, das mit einer kontinuierlichen Erfahrung von Leben einhergeht. Charakteristisch für rituell organisierte Gesellschaften ist jedoch gerade eine diskontinuierliche Auffassung von Leben mit den für die Übergangsriten typischen Ausnahmezuständen. Das moderne Menschenbild geht davon aus, dass der Mensch jederzeit und überall mit sich selbst identisch zu bleiben hat. Bei der Betonung der universellen Existenz und Notwendigkeit von Ritualen werden van Genneps *Rites de passage* immer wieder zu einer Argumentationsstrategie herangezogen und bilden auch das Leitmotiv bei der Einführung neuer Rituale. Über die Durchführung neuer Rituale gilt das Gleiche, das Köstlin über Wirkweisen von Folklore festhält, zumindest da, wo sie in engem Zusammenhang mit traditionellen rituellen Formen gesehen werden. Folklore repräsentiert in modernen Gesellschaften immer Ganzheiten; Schicht und Klassengrenzen vermischen meist. Es gibt nur Bauern, die Hirten usw. In einer solchen Nutzung ließe sich auch von einer sozialen Blindheit der Folklore und von einer Tendenz zur sozialen Enteignung durch Folklore sprechen. Dabei sind es immer positiv deklarierte Eigenschaften, die der Folklorisierung anheimfallen.

Gerade weil eine Eigenschaft von Ritualen die Abgrenzung einer Gruppe der Beteiligten von den Außenstehenden ist, ist es für letztere schwierig einen Sinn in den Handlungen des Rituals zu sehen. Am Ritus nicht Teilhabenden erscheint er als immer gleichbleibender stereotypischer Ablauf. So bezeichnet *bloßes Ritual* gerade mal eine Abfolge von Handlungen, für die in der gegebenen Situation, noch im Bewusstsein der Alten Gründe und Ziele vorhanden sind. Ritual wäre damit eine keinerlei Bedeutung beanspruchende Handlung, die keinen Zweck verfolgt und ihren

Wert, wenn sie überhaupt einen hat, nur in sich selber findet. Ein Ritual lässt sich nun einmal nicht in Worte fassen, es lässt sich nur erleben, da der Zelebrant ganzheitlich, d. h. mit Körper und Geist, beteiligt ist. Er fühlt die Reflexion der Körperlichkeit des gesamten Kosmos und der universellen Dynamik in der Bewegung seines Körpers, bzw. in den Bewegungen einer Gruppe von Initianten. Ein Ritual, oftmals für konservativ, stereotypisch, immer gleichbleibend gehalten, muss dies nicht unbedingt sein. So können die Handelnden mehr oder minder frei über Variationen in der Durchführung und Akzentuierung entscheiden. Diese Freiheit ist selbst in den für statisch gehaltenen tribalen Ausprägungen gegeben, was bedeutet, das Ritualität entwicklungsfähig ist. Die Melodie Ritus ist gleichsam nur ein Thema, das in der Farbigkeit aller möglichen Variationen gespielt werden kann. Die Beteiligung vieler Menschen und der Wechsel im Personal sorgen für Abweichungen und Neuerungen in der Ausführung. Das Palaver unter den Mitwirkenden im Vorfeld über solche Veränderungen, ob man sie zulassen oder beschränken soll, wird selber zu einem wichtigen Element im rituellen Ablauf. Die in einem Ritual gemeinschaftlich vollzogenen Handlungen kompensieren die Erfahrung eines Bruches, der immer wieder überbrückt und überwunden werden muss. So stellte die Sitte die moralische Ordnung dar, während das Ritual, bzw. der Brauch, den Ablauf der Zeremonien reglementierte. Wurde die Sitte verletzt, so wurde dies durch das Ritual wieder kompensiert. Ein Beispiel ist die in einigen Regionen Deutschlands vorkommende Hochzeit in Schwarz oder Rot, sobald die Braut keine Jungfrau mehr war. Rituale sind dabei keine Reaktionen auf das menschliche Leben und müssen nicht der unmittelbaren Welt oder der Erfahrung der Welt entsprechen. Rituale entsprechen der Art und Weise, wie der Mensch denkt. Er entscheidet, wann eine Kompensation eines Bruches nötig wird, bzw. wann überhaupt ein Bruch vorliegt.

Bei einer Interpretation eines Rituals blieb bis vor wenige Jahrzehnte die Sichtweise der Ritualteilnehmer ausgespart. Viel wichtiger war die Deutung und Bedeutungszuschreibung durch die Wissenschaft und Außenstehende im Allgemeinen. Mittlerweile wird generell davon ausgegangen, dass Rituale einerseits als autonom und einzigartig wahrgenommen werden können, andererseits aber doch soweit strukturelle Ähnlichkeiten vorhanden sind, dass das gleiche theoretische Instrumentarium als erklärend betrachtet werden kann, das bereits bei anderen Ritualen Anwendung fand. Herlyn verbreitet die Hypothese der vollen Erschließbarkeit latenter Bedeutungen von Ritualen, sobald eine „richtige“ Untersuchung durchgeführt würde. Dies wirft natürlich eine Frage auf, deren Beantwortung er schuldig bleibt, da sie jeder Forscher für sich selber suchen muss: Was bedeutet „richtig“?

Literatur

CADUFF, Corina / PFAFF-CZARNECKA, Joanna
1999 *Rituale heute: Theorien - Kontroversen - Entwürfe;* Dietrich Reimer Verlag.

HEIGL-EVERS, Annelise
1979 „Lewin und die Folgen“ aus: *Psychologie des 20. Jahrhunderts,* Band VIII; Kindler Verlag.

HERLYN, Gerrit
1999 „Initiationsriten: Anmerkungen zum Umgang mit Ritualtheorien“ aus: *Vokus,* Jahrgang 9. 1999 Heft 1; Institut für Volkskunde der Universität Hamburg.

KASCHUBA, Wolfgang
1999 *Einführung in die europäische Ethnologie;* C.H. Beck'sche Verlagsbuchhandlung.

KÖHLE-HEZINGER, Christel
1996 „Willkommen und Abschied“ aus: *Zeitschrift für Volkskunde,* 92. Jahrgang 1996; Verlag Otto Schwartz.

LEISENING, Horst
2000 *Neues Großes Wörterbuch: Fremdwörter;* Compact Verlag.

STAMM, Roger Alfred / ZEIER, Hans
1978 „Lorenz und die Folgen" aus: *Die Psychologie des 20. Jahrhunderts,* Band VI; Kindler Verlag.

TURNER, Victor
2000 *Das Ritual: Struktur und Antistruktur;* Campus Verlag.

WAHRIG, Gerhard (Hg.)
1980 *Deutsches Wörterbuch;* Surugadai-Verlag.

WENDT, Wolf Rainer
1994 *Ritual und rechtes Leben;* Ferdinand Enke Verlag.

Bemerkungen zur Genese neuheidnischer Kulte - Wiedergeburt der alten Götter?

Weniger in den letzten Jahren[3], aber von den 1970er Jahre bis in die 1990er Jahre hinein tauchten in den Medien regelmäßig Nachrichten über so genannte neuheidnische Sekten und andere religiöse sowie quasi-religiöse Gruppen auf. Bei Versuchen an Informationen hinter den Mediendarstellungen zu gelangen, zeigte und zeigt sich immer schnell, wie schwach Quellen- und Literaturlage zu diesem Themengebiet sind. Selbst Eigendarstellungen moderner neuheidnischer Gruppen in Deutschland im Internet bieten häufig nur eine kurze Beschreibung, vielleicht sogar nur eine Anschrift, aber kaum qualitativ gute Auskünfte über ihre kultischen Handlungen. Eine solche Offenbarung läuft doch immer Gefahr, diese Gruppen gegenüber möglichen Interessenten uninteressanter zu machen, was bestimmt nicht in deren Sinne liegt. Auch die Entstehung dieser Gruppen liegt im Dunklen. Literatur zu neu-heidnischen Gruppen während des Dritten Reiches zeichnet sich interessanterweise durch das Fehlen der Frage aus, was mit diesen Gruppen und ihren Ansichten mit Kriegsende passierte. Auch das heutige Auftreten neu-heidnischer Gruppen wird gänzlich außer Acht gelassen. Ich möchte an dieser Stelle nicht behaupten, es gäbe einen kausalen Übergang, eine inhaltliche Genese von dem Neu-Heidentum des Dritten Reichs hin zu heutigen Gruppen - doch sollte der Frage zumindest nachgegangen werden.

Dieser Vortrag soll einen kurzen Überblick über die Entwicklung des *Neu-Heidentums* im Ganzen geben; es wäre eine Anmaßung an dieser Stelle eine ausführliche Darstellung darlegen

---

[3] Dem Manuskript liegt ein im Januar 2000 bei der DJG Wetter gehaltener Vortrag zugrunde.

zu wollen, denn das Thema ist hierfür zu vielschichtig und komplex. *Neu-Heidentum* – ein oftmals mit Selbstverständlichkeit verwendeter Begriff, der bis in die 1980er Jahre Heiden noch in negativer Abgrenzung zu Gläubigen der jüdischen, islamischen und christlichen Glaubenslehre definierte[4] und *Neuheiden* dementsprechend als Gruppierungen darstellte, die nicht mehr den Lehren dieser drei Buchreligionen angehören. Demgegenüber wird heutzutage in positiver Definition Neu-Heidentum als neuzeitliche religiöse und kulturelle Strömung mit starker Orientierung an antiken Religionen und außereuropäischen animistischen Religionen angesehen.

Erste Ansätze eines religiös geprägten Neuheidentums finden sich bereits in der Frühromantik, die bei ihrer Forderung nach einer „neuen Mythologie" auch Elemente der – je nach Land oder Region – keltischen oder germanischen Götterwelt betonte. Jedoch bahnten die Ideen Herders, dass jede Nation eine eigene Mythologie haben müsse, und die Schriften der Gebrüder Grimm, für die ein Mythos den Zugang zu den Ursprüngen eines Volkes darstellte, zu Beginn des 19. Jahrhunderts weniger einer religiös als eher einer nationalpolitisch, völkisch geprägten Betrachtung des Neuheidentums den Weg. Zeitgleich folgte in Sicht auf das Christentum ein wahrer Paradigmenwechsel wie er weder in den Jahrhunderten zuvor noch heute denkbar und nachvollziehbar gewesen wäre: einhergehend mit der Stilisierung einer idealtypischen Vorstellung von Germanen zu ethisch-moralischen Übermenschen entstand eine Ablehnung der christlichen Missionierung der Völker.[5] So hätten Germanen über eine hohe sittliche Gesinnung verfügt, die durch die Verbreitung des Christentums, das als Fremdreligion nach Europa kam, verloren gegangen sei.

Auf unserem vom Christentum geprägten Kontinent diese Religion als fremd zu bezeichnen, mag verwundern, aber enthält doch einen wahren Kern. Wenn wir heute von 2000 Jahren Christentum sprechen, ist dies zeitlich gesehen stark aufgerundet. Dank der Infrastruktur, der Verwaltungsstruktur sowie der

---

[4] nach Wahrig, 1980.

[5] Schnurbein, S. 77, 78

religiösen Toleranz des römischen Imperiums, konnte sich das Christentum schnell vom Vorderen Orient innerhalb der Grenzen des Imperiums und darüber hinaus ausbreiten - insbesondere nachdem es nicht nur Staatsreligion wurde sondern auch die fränkischen Könige in klerikalen Strukturen wie Klöstern eine Möglichkeit sahen, ihre Reiche zu verwalten. Jedoch dauerte dieser Prozess einige hundert Jahre. Mitteldeutschland wurde erst im 8. Jahrhundert unter Bonifatius missioniert und in so mancher europäischen Region geschah dies erst im 9. Jahrhundert oder später. Soviel zu den 2000 Jahren. In der Romantik wurde nun dieses Christentum generell für die Krise der Gesellschaft verantwortlich gemacht. Angestrebt wurde von den damaligen Anhängern dieser geistigen Strömungen aber weniger die Vernichtung des Christentums und damit eine Wiederherstellung einer utopischen nordischen Ur-Religion, als eher eine Germanisierung dessen und Umformung in eine Heilslehre für die so genannten *Deutschen Christen*. Propagiert seit 1896 von Artur Bonus sind uns *Deutsche Christen* insbesondere durch die religiösen Anschauungen des Nationalsozialismus ein Begriff.

Der Blick auf diese neuen Mythologien und die alten Religionen war in der Romantik und in den folgenden Jahrzehnten stark von einem okkulten Bezug geprägt. Die Hauptströmung des europäischen Okkultismus dieser Zeit organisierte sich 1875 in der *Theosophischen Gesellschaft*, sich besonders auf die Schriften der Russin Helena Petrovna Blavatsky (1832-1891) berief, welche wiederum ihr Wissen, eigenen Angaben zufolge, medialen Fähigkeiten verdankte. In einer pantheistischen Grundauffassung ging Helena Blavatsky von einer gemeinsamen Grundessenz aller Religionen aus, die als höchstes Element die menschliche Entwicklung sah, ausgedrückt in Einheit, Liebe und Schönheit. Gerade in dieser Hochschätzung der menschlichen Evolution bzw. der Menschwerdung stimmte Blavatsky mit den Mitgliedern der Theosophischen Gesellschaft überein, zu deren Mitgliedern auch der Gründer der Sozialdemokratischen Partei Österreichs, Victor Adler, gehörte. Dabei ging es Beiden in ihren Äußerungen und Konzeptionen nicht um die Schaffung und Verbreitung einer neuen, einheitlichen Lehre, sondern um das Aufzeigen von Übereinstimmungen sowie Ergänzungen einzelner Religionen, indem sie in einer Kombination verschiedener Religionen, aus denen sich jedes einzelne Mitglied der Theosophen eine sich eigene Synthese schaffen sollte, eine Art Weltreligion oder Urreligion herauszukristallisieren versuchten. Dieser okkulte Lehransatz mit eigenen Sphären und Hierarchien führte unter dem Einfluss der Darwinschen Lehre bei den Theosophen zur Ansicht, die Menschheit entwickele sich in so genannten, sich zeitlich abfolgenden „Wurzelrassen", wobei die jetzige, die fünfte Wurzelrasse vom platonischen Atlantis stamme und sich wiederum in fünf Untergruppen unterteile. Diese Untergruppen stünden in verschiedenen Kulturen bzw. zivilisatorischen Entwicklungsstufen, mit den indogermanischen Ariern an der Spitze. Mal abgesehen, dass diese These impliziert, dass Überlebende aus Atlantis , wo es auch jemals jenseits des Säulen des Herakles – also Gibraltar – gelegen habe, von dort aus entweder auf dem Seeweg oder der Kombination aus See- und Landweg nach Indien gekommen sind, sich dort im Norden zu Ariern weiterentwickelt haben, nur um wieder nach Europa zurückzuwandern, enthält diese Lehre einen unübersehbaren Rassismus. Die These der Herkunft der Rasse, inklusive der Utopie zu einem auserwähltem Volke zu gehören, drängte den Weltverbrüderungsgedanken zurück und nahm starken Einfluss auf die kommenden nationalen Bewegungen. Schon die damaligen Theosophen sahen sich zwischen den linksliberalen und den völkischen Gruppierungen aufgespalten. Völkische Kreise außerhalb der Theosophen rezipierten besonders die enthaltene Rassenlehre und bekamen Unterstützung dabei aus den Reihen der Theosophischen Gesellschaft selber, wie durch das Werk des Theosophen Max Ferdinand Sebaldt von Werth (1859 – 1916). Sebaldt von Werth, Mitglied eines modernen Druiden-Ordens, baute die rassenideologische These der Theosopohie weiter aus, indem er vertrat, dass alle (!) Kultur grundsätzlich aus dem „arischen Norden"[6] stamme und damit anderen „Entwicklungsstufen" Kultur überhaupt absprach. Darüber hinaus postulierte er

[6] Schnurbein, S. 62

eine Art Sexualreligion der Arier in der Vergangenheit, die dazu dienen sollte, die Reinheit der Rasse zu gewährleisten. Welche Formen diese absurde Rassenideologie in den kommenden Jahrzehnten annehmen sollte und welches Leid sie über die Menschheit brachte, ist eine Erfahrung, auf welche die Welt gerne verzichtet hätte. Doch leider hatte sie stärkeren Einfluss auf die Gesellschaften Europas als der Weltverbrüderungsgedanke der Theosophen.

Einer der um die Jahrhundertwende populärsten Schriftsteller, der Theosophie und Okkultismus mit völkischen Ideen verband und damit einer der Mitbegründer der Ariosophie wurde, war der Wiener Guido von List (1848 – 1919). List zog sich nach dem Tode seines Vaters 1877 aus dem Kaufmannsleben zurück und beschäftigte sich von diesem Zeitpunkt an mit seinen Leidenschaften, der Archäologie und Mythologie, und wurde aktiv im *Bund der Germanen* sowie der *Los-von-Rom-Bewegung*, die wie bereits zu Beginn erwähnt, eine Loslösung des Christentums von Rom suchte. Nachdem er mehrere Artikel und Aufsätze als Journalist für verschiedene volkskundliche aber auch völkische Blätter über Österreichs Heraldik, Volksbräuche etc., die er allesamt für bis heute erhaltene Reste der germanischen Kultur hielt, verfasst hatte, veröffentlichte er ein paar Novellen und Romane. Diese waren stark geprägt durch sadistische Morde, Hinrichtungen und Selbstopferungen.

Eine Erkrankung an Schichtstar 1902 und die folgende Genesung brachten einen Wendepunkt in Lists Leben. Er glaubte, durch Intuition und Erinnerung an frühere Inkarnationen den Ursprung der Runen und der Sprache gefunden zu haben, legte sich in seinem Namen ein pseudo-adliges „von" zu, distanzierte sich von seinen vorherigen Werken und widmete sich nur noch seinen „Schauungen" über die germanische Frühzeit. Als Quellen dienten ihm religiöse und mythologische Werke, besonders die Lieder der Edda, außerdem Volksbräuche, Feste, Heldenlieder, Sagen, Legenden und archäologische Stätten und Fundstücke aus Österreichs Vor- und Frühgeschichte, die er allesamt nach eigenem Gutdünken interpretierte. 1903 veröffentlichte List eine Denkschrift über seine

Schauungen, die allerdings von der kaiserlichen Akademie der Wissenschaften abgelehnt wurde. Trotzdem gründete er 1908 die *Guido-von-List-Gesellschaft*, die seine Forschungen finanzierte und verbreitete. Seine Tätigkeit wurde zum Selbstläufer, als andere Autoren anfingen, sich auf seine Veröffentlichungen zu berufen[7], wodurch seine interpretativen „Schauungen" zu Quellen von den Werken wurden, die einen wissenschaftlichen Anspruch vertraten.

Bereits hier zeigt sich ein fundamentales Quellenproblem, dass alle neuheidnischen Gruppierungen haben, gleich ob sie sich auf keltische oder germanische Kulturen berufen: Aufgrund fehlender Primärquellen, egal ob in Literatur oder Archäologie, wird alles herangezogen, was auch nur entfernt an eine mögliche Quelle erinnert. Glaubwürdigkeit und Quellenkritik sind da nebensächlich. Sowohl in der Romantik, wie auch Helena Blavatsky und ihre Theosophen, so auch List und alle folgenden Gruppierungen berufen sich als Quellen auf Werke, die erst lange nach dem Altertum entstanden sind, beziehungsweise sich im Laufe der Jahrhunderte veränderten und an ihre Umgebung anpassten, wie Liedgut und Bräuche. Von diesem Problem fehlender verlässlicher Information ist die Kultur der Germanen noch mehr betroffen, als die der Kelten. So werden beispielsweise immer wieder skandinavische Mythen zur Interpretation aber auch als Quelle von Wissen über Germanen herangezogen, einfach unter der nicht nachweisbaren Begründung, diese würden den unbekannten germanischen Mythen gleichen. Ein herausragendes Beispiel, zu welchem Zirkelschluss es aufgrund der fehlenden Quellen kommen kann, sind die weltweit bekannten Werke der Bestseller-Autorin Marion Zimmer Bradley: in ihren populären Romanen wie *Die Nebel von Avalon* mischt Bradley vermeintliche religiöse Vorstellungen der Druiden mit dem mittelalterlichen Artus-Stoff und Matriarchatstheorien auf eine Weise, die wenig Verständnis für historische Zusammenhänge verrät. Allerdings werden ihre populären Romane von neuheidnischen Gruppen häufig für die historisch reelle Schilderung der damaligen Begebenheiten genutzt. *Die Nebel von Avalon* wurde zu einem Kultbuch zahlreicher

---

[7] Schnurbein, S.63/64

neuheidnisch interessierter Menschen, die sich unter Anderem in ihren Ritualen immer wieder auf diesen Roman berufen. Die Ironie dabei ist der Umstand, dass die Autorin selbst direkt von den neuheidnischen Gruppen der USA inspiriert worden ist.[8] Die eigene Leserschaft ist sozusagen nicht nur Empfänger sondern auch Quelle des Werkes.

An wenigen klassischen, zeitgenössischen Autoren, die sich mit den Germanen beschäftigen, werden u. a. Gaius Julius Caesar (100-44) und Cornelius Tacitus (55-116) genannt, wobei beide natürlich aus römischer Sicht über *de Barbaris* schreiben. Besonders bei Caesar, wenn er in seinem *Bellum Gallicum* über die halbnackten Germanen philosophiert, die an Tapferkeit den Galliern überlegen wären, so darf man nicht vergessen, dass die Bedeutung seines Werkes darin liegt, seine Handlungen in Rom zu rechtfertigen und einen gefährlichen Feind zu skizzieren. Bei seinen „Studium" der Germanen im Zuge seiner Kriegszüge kam es soweit, dass Cato 55 im Senat in Rom den Vorschlag einbrachte, Caesar wegen Bruches des Völkerrechts an die Germanen auszuliefern[9]. Obwohl Zeitzeuge musste sich auch Caesar auf eher vage Quellen verlassen, wie seine Ausführungen zu mitteleuropäischen Waldbewohnern zeigt: es solle in den germanischen Wäldern eine Art riesigen Hirsch geben, eventuell einen Elch, der sich zeitlebens an einen Baum lehne. Die Germanen würden den Hirsch jagen und erlegen, indem sie den Baum fällten und dieser umfalle.[10]

List suchte gar nicht im großen Stil nach möglichen Quellen, sondern vertraute ganz auf seine esoterischen Eingebungen und stilisierte bei seinen Deutungen und Interpretationen von Runen und Ur-Glyphen das bereits bei den Theosophen verwendete Swastika – laut List gebildet aus den urarischen Wörtern *„thu"* und *„ask"* (tue wachsen) – zum wichtigsten Emblem der Arier, zum Symbol der „Feuerzeugung", zur „hochheiligen Schöpfungsglyphe" und zum „Sonnenzeichen"[11]. Allerdings ist an dieser Stelle, wo das

---

[8] Schnurbein, S.87
[9] Caesar, S. 15
[10] Caesar, VI, 21-29
[11] Schnurbein, S.66

wohl bekannteste Symbol des Neu-Germanentums angesprochen wird, darauf hinzuweisen, dass zu Beginn des 20. Jahrhunderts eine altgermanische Symbolwelt sehr weit verbreitet war. Nicht nur völkische Kreise, sondern auch die Arbeiterbewegung bezog sich auf nordisch-mythologische Bilder und Themen und verbreitete sie unter anderem bei den sozialistischen Sonnenwendfeiern und Weihespielen.[12]

Adolf Hitler bediente sich für seine völkische Ideologie stark in der Symbolik - man denke nur an das Swastika - und den Thesen der Ariosophen, aber letztendlich war ihm die Verbindung und Unterstützung der christlichen Kirchen wichtiger, weswegen das Neuheidentum wenig von der Machtergreifung der Nationalsozialistischen Deutschen Arbeiterpartei (NSDAP) profitieren konnte. Lediglich in Hitlers Schutz-Staffel (SS), deren Initialen teilweise auch als Abkürzung für „Schwarze Sonne" gesehen wurde, kam es zu Ausprägungen eines neuheidnischen Kultus. Unter den neuheidnischen Gruppen jener Zeit, war es besonders die *Thule-Gesellschaft*, die versuchte, sich in den NS-Staat einzugliedern. Da es allerdings ihr Vertreter Rudolf von Sebottendorf, geboren als Adam Alfred Rudolf Glauer (Pseudonym Erwin Torre), wagte, in seinem Buch *Bevor Hitler kam* die Thule-Gesellschaft als wichtigsten Vordenker und Vorläufer der Nationalsozialisten darzustellen, wurde er 1934 interniert. Dieses Beispiel war typisch für jene Zeit, denn obwohl zwischen Ariosophen, anderen neuheidnischen Gruppen und dem NS-Staat ideologische Parallelen bestanden, war das Neuheidentum seitens des Regimes doch ungern gesehen, so dass viele Gruppen ihre Aktivitäten von sich aus einstellten oder seitens des Staates verboten worden sind. Eine von vielen heidnischen Gruppen vertretende regionale Zergliederung, sowie ihre individualistischen und elitären Züge, ließen sich weder mit der Forderung nach einem einheitlichen Deutschen Reich, noch nach „Volksgemeinschaft" in Verbindung bringen[13]. Noch weniger der Weltverbrüderungsgedanke der Theosophen. Hinzu kam die Selbstsicht des NS-Staates als Drittes

[12] Schnurbein, S. 81
[13] Schnurbein, S.74

Reich in der Nachfolge des Heiligen Römischen Reiches Deutscher Nation und des Bismarck-Reiches – beides christliche Reiche.

Wie sah es jedoch mit neuheidnischen Gruppen in den vergangenen fünf Jahrzehnten aus? Nach dem Ende des Nationalsozialismus hat es nicht jede neuheidnische Gruppe geschafft, sich von der NS-Ideologie zu distanzieren, beziehungsweise war darum gar nicht bemüht. Die stärkste Kontinuität zur NS-Ideologie zeichnet sich vermutlich im in den 1950er Jahren in Schweden gegründeten Heimskringla-Orden ab. Gegründet von dem 1952 nach Schweden emigrierten Herman Wirth (1885-1981) beruft sich diese neuheidnische Gruppe direkt auf die NS-Institution des *Deutschen Ahneerbes*. Wirth war während des Dritten Reiches Mitbegründer und Präsident dieser Institution gewesen, musste aber trotz Unterstützung durch Heinrich Himmler wegen zunehmender Kritik seitens der Fachwissenschaft seinen Stuhl räumen. Er wurde 1937 von Walther Würst abgelöst. In seinem 1928 erschienen Buch *Aufgang der Menschheit* vertrat Wirth die Meinung, die Menschen hätten die monotheistische, kosmische Religion mit dem Glauben an einen Vatergott und dessen Offenbarung durch den Sohn an Hand des Umlaufs der Sonne erfahren. Aus diesem solaren Gotteserleben seien beispielsweise die Runen entstanden. In den 70ern gelang Wirth mit Heimskringla sogar der Anschluss an alternative Kreise und die Indianerunterstützerszene.

Jedoch der eigentliche Gründungsboom im Neuheidentum fand insbesondere im Soge der Esoterik- und Okkultismuswelle der vergangenen Jahrzehnte in Verbindung mit einhergehenden Selbstfindungstrends statt. Es steht außer Frage, dass viele dieser Gruppen mit ihrer Rassenlehre grundsätzlich völkisch-nationale Themen vertreten und daher der rechten Szene sehr nahe stehen, aber dies ist beim Blick auf die Mitgliederstrukturen nicht zwingend. Allgemein gesagt, sind dieser Fokus und der damit einhergehende Wunsch der Wiederbelebung eines „Neu-Germanentums“ nicht mehr, natürlich mit Ausnahmen, so ausschlaggebend. Inhaltlich wird viel aus unterschiedlichen Weltgegenden und Glaubensvorstellungen gemischt. In den 1970er Jahren haben die Indianerbewegung („der edle Wilde“) mit nordamerikanischer Mythologie und Riten und die neukeltischen Gruppen, welche sich nie gegen das Vorurteil, sie seien „Rechte“, wehren mussten und zu Lists Zeiten eher als entarteter „Welfen-Glaube“ abgetan und abgelehnt worden waren, erst die Impulse zu einer Wiederbelebung, oftmals in verschmelzender Form, der germanisch orientierten Neuheidengruppen gegeben.[14] Auch fanden, losgelöst von den dazu gehörenden Religionen, viele fernöstliche esoterische Techniken und Vorstellungen Zugang in die Rituale der Gruppen. In diesem Jahrzehnt entstand 1976 auch eine der wichtigsten neuheidnischen Organisationen, der von Adolf Schleipfner und seiner Frau Sigrun von Schlichting gegründete Armanen-Orden, der sich sowohl stark auf die Quellen Lists als auch die in den 1920er Jahren von Simrock übersetzte Liederedda stützt – wobei die Entstehungszeit jener entgegen aller wissenschaftlichen Meinungen, die vom 8. Jahrhundert ausgehen, erst einmal auf die letzte Zwischeneiszeit datiert wird. Der Armanen-Orden, dessen Mitglieder in der Satzung als „reine Arier“[15] bezeichnet werden, möchte eben die vermeintlich ältesten und damit vermeintlich authentischsten Quellen für sich beanspruchen. Aushängeschilder dieses Ordens sind übrigens der von Sigrun von Schlichting gegründete und als gemeinnützig und förderungswürdig anerkannte *Gemeinschaft zur Erhaltung der Burgen e.V.* und die *ANSE* (Arbeitsgemeinschaft naturreligiöser Stämme Europas). Eine Absplitterung der 1980er Jahre stellt die Heidnische Gemeinschaft e.V. (zuvor Germanische Glaubensgemeinschaft) mit ihrer Zeitschrift *Heidenspaß* sowie die Gemeinschaft für heidnisches Leben dar. Der lockere Name der Zeitschrift täuscht darüber hinweg, dass auch hier die Führungszirkel mit Matthias Wenger in den 1980er Jahren enge Kontakte zur rechten Szene, u. a. zu Arnulf-Winfried Priem unterhielt, mit dem 1980 der *Asgard-Bund* als religiösen Ableger der *Kampfgruppe Priem* geschaffen wurde. Mit dem Ausscheiden Wengers distanzierten sich die oben genannten Vereinigungen ab den 1990er Jahren aber von Rassismus und Rechtsradikalismus.

---

[14] Schnurbein, S.84

[15] Schnurbein, S. 13

Bei diesen ganzen Gruppierungen lässt sich feststellen, das zunehmend weniger Wert auf die Perfektionierung intellektueller Gedankengebäude und Dogmen gelegt wird, sondern das individuelle Erleben – Stichwort: Selbstfindung – in den Mittelpunkt gerückt wird. Dieser Aufbau auf dem individualisierten Erlebnis und damit auch einhergehend das Fehlen einer logen- oder ordensartigen Struktur schützt die meisten Gruppen vor einer führerabhängigen Religiosität, wie es viele Sekten, insbesondere mit Endzeitcharakter, aufweisen. Vielmehr zeigt sich bei neuheidnischen Gruppierungen eine hohe Fluktuation zwischen den Gruppen, Doppelmitgliedschaften und Ableger- Neugründungen. Das ist undenkbar für Sekten wie die Sonnentempler, die Aum Sekte oder auch Scientology.

Verallgemeinernd wird oft angeführt, dass sich die Mitglieder der neuheidnischen Gruppen größtenteils aus Kulturpessimisten und Antirationalisten zusammensetzen, die ihre „eigenen Ursprünge" suchen wollen, sowie Suchende im Allgemeinen; suchend nach einer Religion, einem Gott an den sie glauben können. Am Anfang des jeweiligen Weges der Mitglieder stehen häufig persönliche schlechte Erfahrungen mit kirchlichen Institutionen, sowie eine große Enttäuschung gegenüber Kirche und Christentum. Manchen ist einfach die Gottesvorstellung zu abstrakt, das System zu künstlich[16], anderen wiederum machen die Widersprüche in der christlichen Kirche zu schaffen. Trotz aller Predigten von Liebe, kam es in der Vergangenheit immer zu Massakern im Namen der Kirche an Andersgläubigen. Dies war nicht ein Problem alleine der Christen, sondern generell ein Problem monotheistischer Religionen. In monotheistischen Religionen können Andersgläubige, insbesondere polytheistischer, per se nicht als gleichberechtigt akzeptiert werden. So werden zwar andere monotheistische Religionen als andere Auslegung des eigenen Glaubens dargestellt, aber sie werden nicht als gleichberechtigte Religion mit einem anderen, fremden Gott gesehen. Außerdem trägt eine von der christlichen Kirche vertretene aktive Missionierung immer auch ein Konfliktpotential in sich. Polytheistische Religionen dagegen

[16] Schnurbein, S. 82

können ohne Probleme andere Götter anerkennen. Neuheiden kritisieren besonders den Punkt, dass sie nicht nur als Glaubensgemeinschaft nicht anerkannt, sondern auch von ihren christlichen Mitbürgern als Spinner abgetan werden. Lediglich die international agierenden, isländischen *Ásatrúarmenn* sind seit 1973 offiziell als Religionsgemeinschaft anerkannt.

Literatur

JULIUS, Gaius Caesar
1978 *Bellum Gallicum;* Verlag Schöningh, Paderborn.

SCHNURBEIN, Stefanie von
1993 *Göttertrost in Wendezeiten;* Claudius Verlag, München.

WAHRIG, Gerhard (Hg.)
1980 *Deutsches Wörterbuch;* Surugadai-Verlag, Tokyo.

Vom *Hölzerlips* und den *Lumpensammlern*[17]

Hessisches Räuberleben im Übergang 18. / 19. Jahrhundert

Wer als Kind zwischen Rheinhessen und Unterfranken, Odenwald und Wetterau aufwächst, hat sicherlich vom *Schinderhannes* Johannes Bückler gehört, dessen Räuberleben am 21. November 1803 auf dem Schafott in Mainz endete. Zahlreiche Legenden ranken sich um das Leben und die Person dieses Räuberhauptmannes, dem während seiner Karriere über 200 Straftaten nachgewiesen werden konnten. Nicht weniger berüchtigt, aber heutzutage doch weit weniger bekannt, war Georg Philipp Lang genannt *Hölzerlips*.[18] Geboren wurde Philipp Lang in den späten 1770er Jahren vermutlich in Roth am Berg im Nassauischen, wie er selber aussagte, oder, glaubt man seinem Verteidiger, in Eckederoth (Eckardroth). Allerdings liegt nahe, dass in dieser Herkunftsangabe Eckederoth, einem als ‚uralte Herberge der Räuber und Gauner' verschrienem Ort, eine Strategie seines Verteidigers zu sehen ist, die das Abgleiten des Philipp Lang in die Kriminalität erklären sollte, da in jenen Jahren das Milieu und die Sozialisation des Delinquenten zunehmend Bedeutung vor Gericht erlangt hatte.

Philipp Langs Eltern, die als Vaganten ihr Leben auf der Straße zubrachten, sind im Gegensatz zu ihrem Sohn, nie im größeren Maßen mit der Justiz in Konflikt geraten - sieht man einmal davon ab, dass in vielen Gegenden Vagantentum an sich schon ein Delikt darstellte. Nachdem der junge Philipp einige Jahre mit seinem Vater

[17] Der Text basiert auf einem Vortrag gehalten am 22.07.2009 bei der Deutsch-Japanischen Gesellschaft Wetter.

[18] Zur Biographie des *Hölzerlips* vergleiche Seidenspinner 1995:75ff. Falls nicht anders angegeben, Bezug auf diese Quelle.

herumgezogen war, heiratete er formal und bemühte sich, auf einem verhältnismäßig ehrlichen Weg durchs Leben zu gehen. Seinen Lebensunterhalt und den seiner kleinen Familie verdiente er durch ein ambulantes Gewerbe mit hölzernen Waren, was ihm schließlich den Namen des *hölzern Philipps* beziehungsweise *Hölzerlips* einbringen sollte. Es war nur eine Frage der Zeit, bis er als fahrender Händler von eingesetzten Streifen, die ‚herrenloses Gesindel' von den Grenzen fernhalten sollten, aufgegriffen und in Bergen ins Gefängnis gesetzt Wurde. Wird der Aspekt der Straffälligkeit an sich, die der Landstreicherei in den meisten Gegenden anhing, außer Acht gelassen, war *Hölzerlips* nach eigenen Angaben zu diesem Zeitpunkt noch nicht auffällig geworden. Während er in Bergen einsaß, lernte seine Frau, die ihr Leben mit dem wegen seiner Brutalität gefürchteten *Hölzerlips* nicht unbedingt genossen haben mag, Heinrich Pfeiffer kennen und verließ Philipp Lang und ihre gemeinsamen Kinder kurze Zeit nach dessen Entlassung aus dem Gefängnis endgültig. Gerade diese Situation, in der er sich nun als allein erziehender Vater um seine beiden Kinder kümmern und ausreichend Geld für den täglichen Bedarf aufbringen musste, wurde von *Hölzerlips* als Grund für den Beginn seiner kriminellen Karriere genannt.

Hölzerlips wurde, von jeher cholerisch, zu einem wegen seiner Brutalität und Grausamkeit gefürchteten Räuber, der besonders unter Alkoholeinfluss kaum noch zu bremsen war. Bis zum Jahre 1811 wurden ihm allein 15 Fälle von Straßenraub und 21 Einbruchs- und Diebstahlsdelikte nachgewiesen, von denen er die meisten auch gestand. Im Unterschied zum relativ festen Gefüge der Bande des eingangs erwähnten *Schinderhannes* stellten die *Odenwälder Gauner*, zu denen auch *Hölzerlips* gehörte, nur einen lockeren Verbund aus sich immer wieder auflösenden und sich neu zusammenschließenden jenischen Gruppen dar. Diese Gruppen der *Odenwälder Gauner* begingen in wenigen Jahren ganze 267 Verbrechen, wobei sich beobachten lässt, dass die Jahre, in denen die *Odenwälder* am aktivsten waren, mit den Hungerjahren 1802 und 1803 übereinstimmen. So stehen wenigen, gut organisierten und groß angelegten Aktionen, die lohnende Beute eingebracht haben, unzählige Kleindelikte gegenüber, bei denen lediglich etwas Dörrfleisch, Tuch oder ein Schwein erbeutet wurden und die somit nahe an der Grenze zum Mundraub sind. Wolfgang Seidenspinner geht in seiner Biographie des *Hölzerlips* davon aus, dass die gesamte Odenwälder Gaunerstruktur in dem Bereich Kleindelinquenz und Armutskriminalität anzusiedeln sei.[19] Der Aktionsradius der *Odenwälder* war regional recht weitläufig von Heilbronn bis Gießen und Fulda, beziehungsweise von der Rheinniederung bis nach Würzburg, Kerngebiet aber waren die Bergstraße, der Odenwald und die Taunushänge über den Vogelsberg bis zum Kinzigtal, in das man sich bei Verfolgung zurückziehen konnte.

Die Struktur der *Odenwälder Gauner* zeichnet sich wie gesagt und damit im Gegensatz zu der auf eine Einzelperson zugeschnittenen Bande des *Schinderhannes* stehend, durch die Existenz verschiedener kleinerer Gruppen aus. Diese Gruppen wurden oftmals von familiären oder vergleichbar engen Beziehungen zusammengehalten und schlossen sich wiederum zu größeren, lockeren Verbänden zusammen – je nachdem wie viele Personen für ein bestimmtes Vorhaben nötig waren. Hieraus resultiert die Doppelnennung einzelner Personen in Listen von verschiedenen Gaunerbanden. Gerade diese familiären Bindungen, die oft ein hohes Maß an Solidarität bedeuteten, machte es den Behörden schwierig, gegen die einzelnen Gruppen zu ermitteln. Ein Beispiel für eine solche familiäre Kleinbande sind die *Frankfurter Carlsbuben* Joseph Jacobi, Balthasar Held, Bernhard Held und Friederich Held, die mit ihren Lebensgefährtinnen und ihren zwei Schwägern zusammen die Verbrechen planten und begingen. Sie bildeten schon für sich eine eng eingeschworene Gemeinschaft, die aufgrund ihrer personellen Stärke nicht unbedingt auf fremde Hilfe angewiesen war, was nicht nur die Wahrscheinlichkeit des Verrats minderte, sondern auch keinen Verdacht weckte, wenn sie sich in ihrer Familie zu Aktionen trafen. Denn gerade die Augenblicke der Treffpunkte, bei denen Aktionen geplant und ausgeheckt wurden, stellten für die Banden eine große Gefahr dar. Viele Verbrechen wurden aufgedeckt und gesuchte Verbrecher gefasst, als sie sich mit anderen

[19] Seidenspinner 1995:77

Bandenmitgliedern verabredeten oder in kleinen Gruppen unterwegs waren und so Verdacht erregten und in Routinekontrollen einzelner Streifen liefen. Oftmals sollte in diesen Momenten lediglich die Identität der Gruppe durch eine Gendarmerie- oder Landwehrstreife ermittelt werden. In dieser Unzahl kleiner und kleinster Banden im Umfeld der *Odenwälder* eindeutige Führungsfigur festgestellt werden, sondern die Heraushebung des *Hölzerlips* aus der Gruppe resultiert zum größten Teil daraus, dass nach seiner Verhaftung dessen Bedeutung hervorgehoben werden sollte und es versucht wurde, ein Gegenstück zum *Schinderhannes* zu erschaffen.[20]

Hölzerlips' Ende sollte nahen, als er in der Nacht zum 1. Mai 1811 mit Valentin „*Veit*" Krämer, Andreas Petry (*Köhler Andres*), ein Sohn des Peter Petry (*Schwarzen Peters*), der zusammen mit *Schinderhannes* auf Raub ging, Sebastian Lutz (*Basti*), Philipp Friederich Schütz (*Manne Friederich*) und dem *Langen Andres* an der Bergstraße zwischen Laudenbach und Hemsbach eine Kutsche überfiel. In ihr hielten sich zwei Schweizer Kaufleute aus Zürich und Winterthur auf, Jacob Rieder und Rudolph Hanhart, die auf dem Heimweg von der Frankfurter Ostermesse waren. Die beiden Reisenden wurden niedergehauen - wobei einer von ihnen kurz darauf seinen Verletzungen erlag - und ihres gesamten mitgeführten Vermögens beraubt. Die umgehend eingeleitete Fahndung blieb zunächst erfolglos. Nachdem eine grenzüberschreitende Kooperation mit anderen Polizeibehörden jedoch möglich wurde, konnte *Veit* Krämer gerade bei einer oben beschriebenen, banalen Routinekontrolle mit seiner Frau und Kind am 4. Mai bei Sickenhofen verhaftet werden.[21] Richter Brill in Darmstadt bekam schließlich die wahre Identität des sich Valentin Schmitt nennenden Veit Krämers heraus. Am Ende verriet *Veit* seine Komplizen, die daraufhin steckbrieflich gesucht wurden:

> „Holzer Lipps, 30-32 Jahre alt, schlank gewachsen, ungefähr 5 Schuh 6 Zoll groß, eselsgraue Haare auf

[20] vgl. Seidenspinner 1995:78; Pfister 1991:154-155

[21] vgl. Pfister 1991:128-132

Bauernsitte geschnitten, gewöhnlicher Stirn, weißlichten Augenbrauen, grauer Augen, lange Nase, mittelmäßigen Mund, weißlichtem Bart, runden Kinn, mittelmäßigen Gesichts, von roter Farbe; trägt bei sich eine lederne Kappe mit Pelz besetzt, eine rotgestreifte baumwollene Weste, mit zwei Reihen kleinen gelben Knöpfen, ein paar Hosen von nämlichen Zeug, ein Wams von Farbe wie Kümmel und Salz, baumwollenen Zeug, läuft barfuss."[22]

Nach und nach konnten alle an dem Überfall beteiligten verhaftet werden. *Hölzerlips* wurde dabei in Hanau gestellt und nach Heidelberg überstellt. Mehrere Monate dauerten die Verhandlungen, bevor *Hölzerlips, Manne Friederich* und *Veit* Krämer am 31. Juli 1812 in Heidelberg durch das Schwert hingerichtet wurden. *Basti* und *Köhler Andres* wurden wegen ihres jugendlichen Alters auf dem Schafott vom Großherzog von Baden begnadigt. Von *Manne Friedrich* ist ein während seiner Kerkerhaft geschriebenes und seiner Frau gewidmetes Gedicht überliefert, das die Zeit vom *Hemsbacher Raub* auf die Schweizer Kaufleute bis zum Urteil behandelt.

„Seit dem ersten Mai ist uns bekannt
der Hemsbacher Raub im badischen Land,
der unser Leben hat verkürzt
und uns in großes Leid gestürzt.
Die Armut, die war freilich schuld,
weil man sie nicht mehr hat geduld't.
Die meisten Herrn sind schuld daran,
dass mancher tut, was er sonst nicht getan.
Drum sind wir jetzt, wir arme Leut',
in diesem Fall, der uns gereut,
sind unsrer fünfe arretiert,
nach Heidelberg ins Arrest geführt.
Valentin Krämer der erste war,

[22] zitiert nach Seidenspinner 1995:76. (Der Lesbarkeit halber ist die Schreibweise soweit möglich in die moderne Rechtschreibung umgesetzt worden.)

der macht's den Herrn gleich offenbar,
wer diesen Raub und Mord verricht't,
und sagt den andern ins Gesicht.
Danach wir andre gestanden ein
Durch Kerkerstraf' und Kettenpein,
dass wir gewesen auch dabei
und dass die Armut schuld dran sei.
Im Oktober ward das Verhör geschlossen,
viel Tränen haben wir vergossen.
Gott, der in alle Herzen sieht,
doch dieser, der verlässt uns nicht.
Ob uns schon viele Menschen hassen,
tun wir uns doch auf Gott verlassen,
denn er ist doch derselbe Mann,
der des Menschen Herz regieren kann.
Unsern armen Weibern und Kinderlein
Mag Gott nun ein Begleiter sein,
da du doch selbst, Herr Jesu Christ,
der armen Waisen Vater bist.
Jetzt wollen wir das Lied beschließen;
Doch lasse sich's niemand verdrießen,
ist vielleicht ein Fehler drein,
das macht, weil wir nicht studieret sein!"[23]

Gleich den unzähligen Geschichten über die Unverfrorenheit und Keckheit des *Schinderhannes* gibt es diese auch über *Hölzerlips*, wobei es jedoch in einem Punkt einen eklatanten Unterschied gibt: *Schinderhannes* hat es geschafft, landesweit bekannt zu werden, während *Hölzerlips* eher um Eberbach herum gedacht wird.[24] Inhaltlich sind die Geschichten und Anekdoten allerdings fast identisch. Beide sollen vor allem von den Reichen genommen haben und ein Freund der Armen gewesen sein, wie sich dies auch in einem Reim aus Schönau zeigt:

---

[23] Boehnke/Sarkowics 1995:123-124

[24] vgl. Layer 1995:191

„Wir sind ihrer dreißig,
bei Nacht sind wir fleißig,
bei Tag schaffen wir nichts.
Den Armen tun wir nichts,
den Reichen schad'ts nichts."[25]

Doch während *Schinderhannes* sowohl zu Lebzeiten als auch in den kursierenden Anekdoten es immer geschafft hat, sich von Brutalität und Grausamkeit zu distanzieren und diese als Werk seiner Bande darzustellen, war dies bei *Hölzerlips* nicht möglich. Gerade seine Grausamkeit und die Brutalität seines Vorgehens verhinderten, ihn zu einem ‚edlen Räuber' zu stilisieren.

Wie weit die Geschichten über den *Schinderhannes* und *Hölzerlips* schon verbreitet waren, zeigte sich im Sommer 1803, als gegen Mitternacht zwei Männer durch das unverschlossene Mönchstor ins kurhessische Wetter hineinritten, die Stadt unerkannt durchquerten, um sich vom Untertor aus Richtung Burgwald davonzumachen. Kaum jemand hatte hiervon etwas mitbekommen, da der Ort sich sicher fühlte und dementsprechend die Stadttore nur selten besetzt waren. Lediglich ein Schäfer, der bei seiner Herde auf dem Brachfeld am Galgenberg übernachtete, erwachte, als seine Hunde anschlugen. Im Mondschein sah er die Umrisse zweier Pferde und hörte eine Stimme aus dem Dunkeln, die ihm drohte, er solle in seinem Wagen bleiben. Als er bei Morgengrauen seine Herde kontrollierte, fehlte kein einziges Schaf und die Spuren der nächtlichen Besucher führten geradewegs in den Burgwald.[26]

Schnell machte diese Geschichte in Wetter die Runde und es wurde befürchtet, es könne sich um Späher des *Schinderhannes* gehandelt haben, die auskundschaften sollten, wo in der Gegend etwas zu holen sei. Davon ausgehend, dass diese gefürchtete Bande vom Hunsrück über den Rhein bis zum Westerwald vorgedrungen sei und nun Unterschlupf im Burgwald suche, wurde die Stadtwache auf vier Mann verstärkt und die Stadttore hergerichtet, damit sie nachts wieder geschlossen werden konnten. Christian

---

[25] zitiert nach Layer 1995:196

[26] nach Dörr 2004:o.S.

Dörr berichtet, in der folgenden Zeit hätten sich die Einbrüche, besonders in abgelegene Bauernhöfe, Pfarrhäuser und Mühlen, gehäuft und die umhereisenden Händler trauten sich nur noch in kleineren Gruppen auf ihre Touren. Zu groß war die Angst um die Barschaft. Obwohl es sich weitgehend um Einbruchsdelikte handelte, mussten einige Opfer von Überfällen, wie ein Bauer aus dem Amt Wetter, der in Marburg eine Kuh verkauft und sich auf dem Rückweg über den Weißenstein bei Goßfelden befand, am eigenen Leib erfahren, wie wenig zimperlich diese Gruppe mit Überfallenen umging. Brutal zusammengeschlagen, konnte er mit Mühe sein Leben retten.[27]

Im Lauf der Zeit wurde klar, dass es sich nicht um die Bande des *Schinderhannes* handelte, der über den Westerwald hinausgekommen war, sondern es sich um eine Gruppe handelte, die weitgehend aus Lumpensammlern bestand und an die 30 Mitglieder zählte, so dass der Volksmund sie später *Lumpensammlerbande* nannte. Wichtigster Faktor im Zusammenhalt dieser Gruppe waren die familiären Beziehungen untereinander. Den harten Kern bildeten die zwei Söhne, Justus und Jakob, sowie die drei Töchter Christine, Dorothea und Margaretha (Gretchen) des zu diesem Zeitpunkt bereits verstorbenen Lumpensammlers Jakob Strack aus Roda mit ihren Lebensgefährten. So war Gretchen Strack zusammen mit dem Mitangeklagten Andreas Fischer, dem so genannten *Schwarzen Andres*, der wiederum aus der berüchtigten Räuberfamilie Anschuh stammen sollte. Der Lebensgefährte ihrer Schwester Dorothea, genannt *Lumpen Dortel*, war Conrad Kreis, *Schwarzer Conrad* genannt. Jakob Stracks Lebensgefährtin war Wilhelmine Kaiser, Justus' Katharina Müller. Anton Böttcher, *Lumpen-Anton* war der Stiefbruder von Johannes Kaiser und ein Neffe von Philipp Seim, die auch Mitglieder der *Lumpensammlerbande* waren.[28] Von ihrer religiösen Zugehörigkeit stellte sie einen bunt zusammengewürfelten Haufen von Protestanten, Katholiken und Juden dar, wie das bei den meisten damaligen Banden der Fall war.

---

[27] 2004:o.S.

[28] nach Audick 1996:14-28

Mit offiziellen Genehmigungen zum Lumpensammeln ausgestattet, zogen sie tagsüber mit Esels- oder Pferdekarren von Haus zu Haus und sammelten Lumpen. Hierbei spionierten sie bereits die Orte aus, wo es etwas zu holen gab, so dass sie abends nur noch in kleinen Gruppen zurückzukehren brauchten. Bei ihren Raubzügen erbeuteten sie zumeist Nahrungsmittel, wie Honig aus vier Bienenstöcken bei der Witwe Opper in Unterrosphe, Würste, Speck oder ganze Nutztiere, bisweilen auch Gegenstände des täglichen Bedarfs, wie Kleider, Kessel, Betttücher oder Flachs. Verglichen mit dem von Kombächer Tagelöhnern und verarmten Bauern ausgeübten Postraub in der Subach am 19. Mai 1822, der den letzten großen, sich wirklich lohnenden Überfall dieser Zeit darstellte, ist die Ausbeute der Lumpensammlerbande eher mager. Doch darf nicht vergessen werden, dass es sich bei ihren Opfern zumeist um Bauern oder reisende Händler handelte, die nicht unbedingt wirtschaftlich besser gestellt waren als die Täter. Die Brutalität, die bei den Überfallen und Einbrüchen ihre Vorgehensweise beherrschte, wird bei Audick beschrieben:

> „Raub in der Nacht vom 15.-16. Oktober 1808 bei Johann Jost Werner zu Mornshausen, Großherzogliches Hessisches Amt Biedenkopf. Das Haus des Beraubten, der sich von einer kleinen Wirtschaft, von Musikmachen und von einem geringen Ackerbau nährt, liegt etwa einen Flintenschuss von dem aus 33 Häusern bestehenden Dorfe entfernt. In der erwähnten Nacht wurde ein Gefach neben der Hautür eingeschlagen und dadurch die Hautür geöffnet. Die Räuber stürmten sodann die Treppe hinauf in die obere Stube, wo der Eigentümer mit seiner Frau und seinem 3jährigen Kind schlief, der durch das Einstoßen der Stubentür, die auf den ersten Stoß in Stücke zerfiel, aus dem Schlaf geweckt wurde. Die Frau sprang mit einem Schrei des Schreckens aus dem Bette, wurde aber sogleich von einem der vorderen Räuber, die sechs an der Zahl, mit Wachslichtern in den Händen und mit Prügeln bewaffnet in die Stube gedrungen waren, am Kopfe gefasst und

erhielt einen solchen Schlag ins Gesicht, dass ihr davon gleich sechs untere und vier obere Zähne in den Mund fielen, und den elften sie einige Zeit nachher verlor. Zwei Räuber schleppten darauf die Frau aus dem Bett und banden ihr Hände und Füße, während die vier anderen den Werner ebenfalls an Händen und Füßen knebelten, ihn auf eine fürchterliche Art mit Schlägen und Stößen misshandelten und ihn und seine Frau dergestalt mit Betten zudeckten, dass sie glaubten, sie würden beide ersticken. Da er keine Bewegung an seiner Frau bemerkte, so hielt er dieselbe für tot, bis [...] er schloss, dass sie noch am Leben sein möge. [...] wurde so unbarmherzig auf ihn eingeschlagen, dass er schweigen musste und er von den Misshandlungen betäubt endlich still liegen blieb. [...] Während dem waren die Räuber auch in die untere Stube gedrungen, worin sich ein armer Tagelöhner, Johann Heinrich Weber aus Feudingen im Wittgensteinischen befand, der wegen Krankheit vom Tagelohn aus der Wetterau zurückkehrte und hier übernachtete. Auch er wurde sogleich ergriffen, an Händen und Füßen geknebelt und auf das Gesicht gelegt. Man verlangte von ihm, dass er sein Geld herausgeben sollte; auf seine Versicherung aber, dass er keins habe und ein armer, kranker Tagelöhner sei, kam er mit einigen Ohrfeigen davon und rettete seine Barschaft. [...] sein Hund aber, welcher sich wahrscheinlich den Räubern entgegengestellt hatte, lag am anderen Morgen mit zerschmettertem Kopf in seiner Hütte. [...]“[29]

Nach weiteren Überfällen wurden die Räuber Röttger, Seim und einige andere in Oberrosphe festgenommen und nach Wetter ins Rathaus gebracht. Später wurden sie von hier nach Gießen geschafft, dort verurteilt und kehrten erst wieder nach Verbüßung ihrer ein- bis zweijährigen Haftzeit zurück. Sofort schlossen sie sich

[29] nach Audick zitierte Gerichtsakte vom 17. 09. 1813 aus Marburg (Audick 1996:32-33)

wieder ihrer Bande an. Wie sicher sie sich dabei fühlten, zeigt sich daran, dass mehrere von ihnen mit ihren Frauen in Oberrosphe zur Miete wohnten, so auch Justus Strack und Philipp Seim, die ihre am gleichen Tag geborenen Kinder in der dortigen Kirche am 25./26. Januar 1812 taufen ließen.

Etwas später, aber noch unter der Besatzung der Franzosen, wurde ein Mitglied der *Lumpensammlerbande* in Marburg zum Tode durch den Strang verurteilt und gab kurz vor seiner Hinrichtung noch die Namen seiner Komplizen preis. Die meisten wurden innerhalb kürzester Zeit gefasst und brachten bis zu ihrem Prozess drei Jahre im Marburger Untersuchungsgefängnis zu. Die drei Haupttäter wurden wegen der Unzahl und Grausamkeit der Taten zur lebenslänglichen Zuchthausstrafe in Ketten verurteilt, doch viele Mitläufer hatten es geschafft, über die Landesgrenze, die damals nicht weit von Wetter bei Treisbach verlief, zu fliehen.[30]

Jedoch war zu diesem Moment bereits der Wandel eingetreten und die große Zeit der Räuberbanden, in der diese oftmals beinahe ungehindert agieren konnten, ging ihrem Ende zu. Der desolate Zustand des Polizeiwesens zu jener Zeit, der die Räuberbanden geradezu begünstigte kann im Grunde auf zwei Faktoren zurückgeführt werden. Die territoriale Zersplitterung – ein Phänomen des Deutschen Reiches – erschwerte mit ihren rund 300 Kleinstaaten ein grenzübergreifendes Zusammenarbeiten der Behörden und die regionale Nähe der Landesgrenzen stellte einen nicht zu unterschätzenden Faktor in den Fluchtplänen dar. Zudem befanden sich insbesondere in den von Frankreich besetzten Gebieten die juristischen Strukturen in Auflösung, da hier versucht wurde, das französische Rechtssystem einzuführen. Aus Angst vor Anschlägen verbot in diesen Gebieten die Besatzungsmacht häufig den Besitz von Waffen, so dass sich neben dem desolaten Polizeiwesen auch kein persönlicher Schutz etablieren konnte.[31] Dies änderte sich erst mit dem Wetzlarer Kongress von 1801, auf dem eine grenzübergreifende Zusammenarbeit der Polizeibehörden sowie der Einführung präventiver Maßnahmen geeinigt wurde,

[30] vgl. Dörr 2004:o.S.

[31] Vgl. Boehncke/Sarkowics 1991:16

zum Beispiel zeitlich und räumlich variierende, von den Polizeibehörden aber untereinander abgesprochenen, Patroullien von Gendarmerie und Militär.[32]

Gerade auf den Streifzügen der Behörden wurden viele Räuber aufgegriffen und in die menschenunwürdigen und sich in einem jämmerlichen Zustand befindenden Gefängnisse gebracht. Zur Einsparung von Prozess- und öffentlichen Haushaltskosten wurden die Aufgegriffenen oftmals nur gebrandmarkt und abgeschoben, wobei letzteres in der Theorie nur möglich war, wenn die Heimatverhältnisse des Delinquenten geklärt gewesen sein schienen. Den Heimatgemeinden jedes einzelnen oblag es, sich um verarmte Gemeindemitglieder zu kümmern.[33] Obwohl sich langsam die Ideen der Aufklärung bei den Verhörmethoden und dem Prozess an sich durchzusetzen begannen, erwarteten die Überführten immer noch drakonische Strafen. Außer in den französisch besetzten Gebieten, wo französisches Recht implementiert wurde, galt immer noch die 1532 verabschiedete *Peinliche Halsgerichtsordnung* (*contitutio criminalis carolina*) Kaiser Karls V., doch wurde zunehmend auf die der eigentlichen Hinrichtung vorhergehende Folter verzichtet - der Tod an sich war zu diesem Zeitpunkt weniger Strafe als die ihn begleitenden Folterungen. Diebe sollten nach der *Peinlichen Halsgerichtsordnung* an den Pranger gestellt, mit Ruten geschlagen und des Landes verwiesen werden (Art. 158). Nach Rückfall oder bei Einbrüchen drohte der Galgen (Art. 159,162), wobei auf Mord grundsätzlich die Todesstrafe stand. Fehlten mildernde Umstände wurde durch das Rad hingerichtet (Art. 137), einer ungemein brutalen Hinrichtungsart. [34] Erst im anfangenden 19. Jahrhundert lässt sich ein Übergang von Leibes- zu Haftstrafen erkennen. Interessanterweise erschien zuvor jeder staatliche Eingriff in die Persönlichkeit des Täters, wie Erziehungsmaßnahmen oder - wie man heute sagen würde - gesellschaftliche Eingliederungsversuche, als „gravierende

[32] vgl. Boehncke/Sarkowics 1991:19, Schwencken 1991:271

[33] vgl. Boehncke/Sarkowics 1991:19, Pfister 1991:336

[34] nach Viehöfer 1995:171

Kompetenzüberschreitung", weswegen Strafvollzug in all seinen Formen eine reine Tatvergeltung darstellte.[35]

En detail kann von folgenden Strafen ausgegangen werden, die, je nach Wiederholungsfall, härter ausfallen konnten. Am Pranger wurde nicht nur öffentlich zur Schau gestellt, wie es sich zum Beispiel als Bestandteil von Freiheitsstrafen findet, sondern auch Leibesstrafen vollzogen. Neben der Todesstrafe stellte das öffentliche Brandmarken, bei dem ein Scharfrichter dem Delinquenten ein Brandzeichen in Form des Stadtwappens, eines Buchstabens, stilisierten Galgens oder ähnlichem zufügte, die schwerste Form der Bestrafung dar.[36] Todesstrafen wurden am häufigsten durch den Strang vollzogen, wobei es sich hierbei im 18. Jahrhundert um eine reine Männerstrafe handelte. In der Literatur findet sich als Ausnahme lediglich die Hinrichtung von Christina Schettinger und Katharina Schenk, den Begleiterinnen des *Sonnenwirtle*. Häufig wurde als Bestandteil der Strafe der Delinquent am Galgen hängen gelassen und das Begräbnis verweigert, so dass er nach dem sittlichen Verständnis der Zeit niemals Ruhe findet würde.[37] Vorherrschend wurde die Todesstrafe eher mit dem Schwert und in den französisch besetzten Gebieten durch die Guillotine vollzogen. Zwei Drittel aller Räuber fielen dieser wenigstens noch als ehrenhaft angesehenen Strafe zum Opfer. Während normalerweise außerhalb von Ortschaften bei den Galgenplätzen hingerichtet wurde, fand diese im Falle des *Hölzerlips* auf dem Marktplatz in Heidelberg statt.

Die härteste Form der Hinrichtung war das Rädern, das im letzten Drittel des 18. Jahrhunderts aber fast vollständig außer Gebrauch kam:

> „Schon der Transport geschah nicht mehr zu Fuß oder mit dem Wagen, sondern der Delinquent wurde auf einer Tierhaut zur Hinrichtungsstätte geschleift. Wenigstens verzichtete man in der zweiten Hälfte des 18. Jahrhunderts

---

[35] vgl. Boehncke/Sarkowicz 1991:19

[36] vgl. Viehöfer 1995:173

[37] nach Viehöfer 1995:171

darauf, ihn auf dem Weg mit glühenden Zangen zu peinigen. Auf dem Schafott wurde der Verurteilte mit ausgestreckten Armen und Beinen auf den Boden gelegt, Hände und Füße wurden an Pflöcken festgebunden und unter die Glieder Hölzer gelegt, so dass er völlig hohl lag. Der Scharfrichter zerstieß ihm dann mit einem Rad sämtliche Glieder und das Rückgrat, wobei die Zahl der Stöße im Urteil vorgeschrieben war. Ebenfalls vorgeschrieben war dem Henker die Form des Räderns. Beim Rädern von oben führte er den ersten Stoß gegen den Hals (Gnadenstoß), beim Rädern von unten begann er mit den Beinen, dann folgten die Arme usw. Den Sterbenden flocht der Henker durch die Speichen des Rades, dabei kamen die Glieder einmal über und einmal unter die Speichen des Rades. Anschließend steckte er das Rad mit dem Körper auf einen Pfosten oder auf den Galgen."[38]

Bei der Räderung des Mathias Klostermyr, alias *Bayrischer Hiesel*, wurde dieser 1771 in Dillingen an der Donau als Milderung des Urteils im Vorfeld erdrosselt. Die härteste Form der Freiheitsstrafe stellte lange Zeit die besonders in den süddeutschen Territorien verhängte Galeerenstrafe dar, wobei mangels einer eigenen Flotte die Verurteilten nach Venedig oder Genua verkauft wurden. Seit Mitte des 18. Jahrhunderts waren diese Kriegsschiffe aber endgültig veraltet. Daneben gab es noch in Form der Festungsstrafe eine weitere Zwangsarbeitsstrafe, bei der Gefangene zur Ausbesserung lokaler Infrastruktur und zum Ausbau von Festungen eingesetzt wurden. Der endgültige Durchbruch der Freiheitsstrafen kam aber erst – vor dem Hintergrund der Aufklärung - mit Einführung von Zucht- und Arbeitshäusern, die nun nicht mehr rein der Verwahrung von Angeklagten bis zum Prozess dienten, sondern die Besserung des Delinquenten anstrebten. Erzieherische Mittel waren hierbei Arbeit, Seelsorge und Schule.[39]

---

[38] Viehöfer 1995:172

[39] vgl. Viehöfer 1995:173-174

Literatur

AUDICK, Renate

1996 *Die Lumpensammlerbande*, Wetter [Selbstverlag].

BOEHNCKE, Heiner/SARKOWICS, Hans

1991 „Die Gesellschaft der Außenseiter. Räuberbanden in Deutschland" in dieselben *Die deutschen Räuberbanden. In Originaldokumenten herausgegeben und kommentiert von Heiner Boehncke und Hans Sarkowics. Band I Die großen Räuber*, Frankfurt/Main Eichborn, S.9-22.

1995 „Abschiedselegie des Manne Friedrich an seine Frau" in dieselben (Hrsg.) *Hessens große Räuber. Die großen Banden zwischen Weser und Neckar*; Frankfurt/Main Eichborn, S.122-124.

DÖRR, Christian

2004 *Der Burgwald*, erscheint in der Reihe *Schriften zur Stadtgeschichte* Band 14, Wetter [o.V.], [Vorabexemplar ohne Seitenangaben].

LAYER, Gerhard

1995 „'So etwas tut ein richtiger Räuber nicht'. Schinderhannes und Hölzerlips als Sagengestalten" in Harald Siebenmorgen (Hrsg.) *Schurke oder Held? Historische Räuber und Räuberbanden*, Sigmaringen Jan Thorbecke Verlag, S.191-202.

LUTZ, Dagmar

1995 „'Ein Mann wie er im Buche steht'- Versuch einer Lebensbeschreibung des Johannes Bückler, genannt Schinderhannes" in Harald Siebenmorgen (Hrsg.) *Schurke oder Held? Historische Räuber und Räuberbanden*, Sigmaringen Jan Thorbecke Verlag, S.81-96.

PFISTER, Ludwig Aloys

1991 „Geschichte der Räuberbanden an beiden Ufern des Mains" in Heiner Boehncke/Hans Sarkowics (Hrsg.) *Die deutschen*

Räuberbanden. In Originaldokumenten herausgegeben und kommentiert von Heiner Boehncke und Hans Sarkowics. Band III Von der Waterkant bis zu den Alpen; Frankfurt/Main Eichborn, S.125-185.

SCHWENCKEN, Carl Philipp Theodor
1991 „Aktenmäßige Nachrichten von dem Gauner- und Vagabundengesindel, sowie von einzelnen professionierten Dieben, in den Ländern zwischen Rhein und Elbe, nebst genauer Beschreibung ihrer Person" in Heiner Boehncke/Hans Sarkowics (Hrsg.) *Die deutschen Räuberbanden. In Originaldokumenten herausgegeben und kommentiert von Heiner Boehncke und Hans Sarkowics. Band III Von der Waterkant bis zu den Alpen;* Frankfurt/Main Eichborn, S.267-278.

SEIDENSPINNER, Wolfgang
1995 „Hölzerlips - eine Räuberkarriere. Zur Kriminalität der Odenwälder Jauner im frühen 19. Jahrhundert" in Harald Siebenmorgen (Hrsg.) *Schurke oder Held? Historische Räuber und Räuberbanden,* Sigmaringen Jan Thorbecke Verlag, S.75-80

VIEHÖFER, Erich
1995 „Das letzte Kapitel. Strafvollzug an Räubern" in Harald Siebenmorgen (Hrsg.) *Schurke oder Held? Historische Räuber und Räuberbanden,* Sigmaringen Jan Thorbecke Verlag, S.171-178.

Ein kurzer Beitrag der Marburger Pathologie zu modernen Wandersagen[40]

Eines der elementarsten Bedürfnisse des menschlichen Wesens ist das Erzählen von Geschichten und Erlebnissen und mit Recht stellt daher Kurt Ranke unserer Gattung *homo sapiens* alternierend den erschaffenden *homo faber*, den spielenden *homo ludens* und den erzählenden *homo narrans* zur Seite. Erzählen ist ein dem Menschen ureigenes Bedürfnis: Sagen und Legenden möchten gleich in welcher Form tradiert, Märchen und Erlebnisse erzählt werden. Mit jedem Anlass, jeder Weitergabe, verändern sich unsere Geschichten, werden Aspekte hervorgehoben, neu ausgemalt oder zurückgestellt. Aber immer wieder fesseln sie uns aufs Neue, wie es in den vergangenen Jahren auch die zunehmende Verbreitung von Veröffentlichungen zu modernen Wandersagen gezeigt hat. Diese modernen Wandersagen haben, auch Großstadtmythen beziehungsweise im angelsächsischen Raum *urban legends* genannt, mittlerweile nicht nur eine lokale oder regionale Verbreitung erfahren, sondern jagen dank modernster Massenmedien in Windeseile um die Welt. Über Tageszeitungen, Fernsehen und Internet veröffentlicht, sind sie innerhalb kürzester Zeit dermaßen bekannt und verbreitet, dass ihre Quellen und Herkunftsorte nur schwer auszumachen sind. Dabei darf aber nicht vergessen werden, dass Wandersagen kein modernes Phänomen sind – nur ihre Verbreitungsgeschwindigkeit ist rasanter geworden.

Gerade diese Geschwindigkeit kommt dabei unserem Bedürfnis entgegen. Wir gieren regelrecht nach neuen Geschichten, was sich nicht zuletzt unter anderem an den Hollywood-Produktionen der letzten Jahre zeigt. Hierbei kann man grob zwei Arten von

---

[40] Der Text basiert auf einem Vortrag gehalten am 25.11.2002 bei der Deutsch-Japanischen Gesellschaft Wetter.

Verarbeitung klassischer (Wander-) Sagenmotive erkennen: Auf der einen Seite Verfilmungen bestehender Erzählungen, wie beispielsweise im Film *Sleepy Hollow* (Erscheinungsjahr: 1999), in dem ein kopfloser, als „Hesse" bezeichneter Reiter als dunkler Gegenspieler des Hauptprotagonisten auftritt. Bei diesem Reiter handelt es sich wirklich um eine Gestalt aus dem hessischen Sagenfundus des Marburger Raumes, dessen Erscheinen Augenzeugen noch Mitte des letzten Jahrhunderts gesehen haben wollen. Zum anderen kommt es aber auch zu Verfilmungen, die im Vorfeld erst ihre eigene, auf den Film zugeschnittene, Sage entwickeln, bis diese weithin als wahre Begebenheit angesehen wird, und dann im Zuge der Bekanntheit den Film auf den Markt bringen. Als bekanntestes Beispiel sei der Kinofilm *Blair Witch Projekt* (Erscheinungsjahr: 1999) angeführt, in dem alles erfunden war bis auf den Namen des Ortes, in dem es allerdings bis kurz vor den Film keine Legende über eine solche, im Film dargestellte Hexe gab. Aber nach Start des Kinofilms setzte ein regelrechter Tourismus dorthin an. Interessant wäre die Frage, ob es im Zuge dieser Vermarktung nicht vielleicht doch zu einer regionalen Sage über eine Hexe in diesem Gebiet kommen könnte. Es hängt eben nur davon ab, ob jemand der Geschichte ein Körnchen Wahrheit als Träger der Weitererzählung einräumt.

Großstadtmythen – dieser Begriff legt eine Regionalspezifikation dieser Sagen auf urbane Regionen nahe und ist daher in den vergangenen Jahren zunehmend in Kritik geraten. Denn diese Art der Sagen hat vielen Aufzeichnungen zufolge mehr und mehr ihre Beschränkung auf Städte verloren. Vielen Kritikern schien es daher wichtiger den Aspekt der Glaubwürdigkeit der Sageninhalte in den Mittelpunkt der Forschung zu stellen. So wurde im angloamerikanischen Raum anstelle des Begriffes *urban legend* der Begriff *belief legend* – „Glaubsagen" – in Betracht gezogen. Dies greift einen interessanten Punkt der Wandersagen auf: es spielt an sich keine Rolle, wie glaubwürdig oder unglaubwürdig eine Sage ist, viel wichtiger ist der Aspekt, dass sie geglaubt wird. Sozusagen die „Geglaubtwerdung" der Sage macht sie doch erst richtig aus und sorgt dafür, dass Menschen sie weitererzählen. Auch der Begriff

„modern" im Kontext dieser Sagen muss mit Einschränkungen gebraucht werden, denn wenn das Wort im Sinn von neuzeitlich oder modisch verstanden wird, stimmt die Gewichtung nicht; statt dessen wäre es besser von aktuellen, zeitgenössischen oder zeitnahen Sagen die Rede. So sind die psychologischen Hintergründe, die kultur- und sozialgeschichtlichen Prozesse und Kontexte, die sich daraus ablesen lassen, gewichtiger als der Realitätsgehalt des Erzählten an sich. Es sind die sieben *Ws*, die wie bei allen Geschichten, Erzählungen und Nachrichten einmal mehr im Mittelpunkt stehen: Wer erzählt? Wem wird erzählt? Wie wird erzählt? Wann wird erzählt? Wo wird erzählt? Warum wird erzählt? Welcher Zweck steckt dahinter? So auch bei Wandersagen.

Eine Sage! Geprägt wurde der Begriff übrigens in der zweibändigen Ausgabe der Deutschen Sagen (1816-1818) der Brüder Jacob und Wilhelm Grimm, die zu diesem Zeitpunkt ihre Themen und Variationen weit mehr aus schriftlichen, literarischen Quellen zogen als später bei den Kinder- und Hausmärchen. Dabei verschwamm in der Wahrnehmung die Grenze zwischen Legende und Sage. Der Legende, die im deutschsprachigen Gebrauch die literarische Form darstellte, und der Sage als mündlich tradierte Entsprechung. Eine schriftlich fixierte Sage ist also ziemlich oymorös. Wo allerdings die Brüder Grimm aus der mündlichen Tradition schöpfen konnten, sprachen ihre Quellen sicherlich nicht von Sagen, sondern eher von „wahren Begebenheiten" oder einfach „da-ist-doch-dem-und-dem-das-und-das-passiert-Geschichten". „Alte Wahrheiten" oder einfach „Wahrheiten" galten als volkstümliche Bezeichnung für dieses Genre, wodurch zum Ausdruck gebracht wird, dass Sagen populäres Wissensgut darstellen und für wahr gehaltene Ereignis- und Erlebnisberichte beinhalten. Die Glaubwürdigkeit einer Sage kann hierbei durch die Platzierung des Geschehens an einen bestimmten, namentlich genannten Ort noch verstärkt werde. Eine weitere Verstärkung der Glaubwürdigkeit wird erreicht, wenn es sich bei dem Akteur der Handlung nicht um eine unbekannte Person handelt, sondern um den Bekannten eines Bekannten oder eine andere nachvollziehbare Person, bei der der Zuhörer das Gefühl hat, diese doch kennen zu müssen. Andererseits sollte sich der Erzähler davor hüten, der Verbindung zu den Akteuren der Handlung eine zu starke Ausprägung zu geben. Sagen, wie auch Wandersagen, in der Ich-Form funktionieren einfach nicht. Denn in diesem Moment würde es sich bei dem Gesagten nicht mehr um eine Sage, sondern um einen Erlebnisbericht handeln, der, sollte er sich als falsch – oder wenigstens als unglaubwürdig – erweisen, den Erzähler in die Ecke eines Lügners steckt.

Auch die Person des Erzählers kann viel zur Glaubwürdigkeit der Erzählung beitragen, indem er - oder wenigstens seine Quelle – eine vertrauenswürdige Person, z. B. ei[en Arzt, einen Polizisten oder einen Vertreter einer öffentlichen Institution darstellt. Insbesondere wenn die Geschichte in einer Zeitung zu lesen war, was öfter vorkommt, als man glauben mag, stellt das in den Augen vieler eine Garantie dar, dass sie wahr ist. Dieser Anspruch und die orale Tradierung haben sich bis heute gehalten, auch wenn sich die modernen Wandersagen inhaltlich von den historischen Volkssagen fortentwickelt haben. Eine weitere Brücke zu den traditionellen Sagen stellen die mit den Erzählungen mitschwebenden Ängste dar. Es gibt vermutlich keine moderne Wandersage, wie es auch keine Sage geben wird, die nicht mit Hilfe irgendeiner Angst, besser Phobie, wirkt. Lutz Röhrich fasste seine Forschungen zur historischen deutschen Volkssage mit einem Satz zusammen: „Wie kaum eine andere [Erzählung] sind Sagen Ausdruck von Angst". Fast immer sieht dort der Mensch sich alleine übernatürlichen Mächten gegenüberstehen. Sagen sind Ausdruck der menschlichen Furcht vor dämonischen Wesen, vor dem Tod und dem Toten, vor Krankheit, Wahnsinn, Pest, Kriegen und Hungersnöten. Mit Ausnahme von Erzählungen wie dem *verschwundenen Anhalter*, wo das Magische und Numinose sogar in die Welt der Technik einbricht, lauert in modernen Wandersagen das Bedrohliche und Unbegreifliche nicht mehr in der magischen Welt von Dämonen, Teufeln und Hexen, sondern in unserer eigenen Umwelt. Im Mittelpunkt steht die Bedrohung des Menschen durch den Menschen, nicht mehr durch übernatürliche Wesen.

Die Bedrohung kommt hierbei immer von dem Fremden, von außen, von dem, was nicht zur eigenen Gruppe gehört. Hinzu kommt Angst vor Krankheiten, insbesondere krebserzeugende oder radioaktive Stoffe, Angst vor peinlichen Situationen, wie auch vor illegalen Akten, wie z. B. der Schmuggel von Leichen. Aber genauso wie in den traditionellen Sagen spielen Tabu-Brüche eine nicht zu unterschätzende Rolle, auch in Anbetracht dessen, dass die meisten Bewohner der Industrieländer davon ausgehen, nicht mehr im Einflussbereich von Tabus zu stehen. Was vielleicht in historischen Sagen der Genuss eines verbotenen Tieres war, ist nun vielleicht der Bruch mit den Vorstellungen von Sauberkeit und Hygiene oder aber immer noch mit Speisen, die kulturell tabuisiert worden sind. Das berühmteste Beispiel ist wohl die *Ratte in der Pizza*, noch vor dem *Hund im Chinarestaurant*. Manches ändert sich eben nie.

Dabei stellen Wandersagen immer Geschichten dar, die das Leben schreibt – oder manchmal der Tod. Der Tod ist das Unbekannte, das Dunkle, das zu durchdringen niemandem vergönnt ist. Schon seit jeher sind diejenigen, die sich beruflich oder privat mit dem Tod beschäftigen, für andere Menschen mit einer Aura umgeben. Allerdings charakterisiert sich diese Aura anders, je nachdem, ob es sich um einen Abdecker oder Bestatter oder aber einen Heiler oder Arzt handelt. Im Hinblick auf Mediziner-Geschichten, lassen sich die kursierenden Wandersagen zumeist in zwei Kategorien einstellen: Es sind Erzählungen wie sie Filme wie *Ambulance* (Erscheinungsdatum: 1990) zeigen, in denen Mediziner Menschen von der Straße entführen, um ihre Organe zu verkaufen oder darum, das angehende Mediziner ihre Fähigkeiten im Vivisezieren verbessern wollen. Beides sind sehr verbreitete Sagen, die mit den Ängsten der Menschen vor den „Göttern in Weiß" spielen, denn gerade Ärzten haftet das Dunkle an, über Leben und Tod entscheiden zu können. Trotz ihrer Weltlichkeit als Menschen besitzen sie so eine numinose Aura, etwas mystisch-magisches, obwohl sie letztendlich doch nur eine Art Handwerker sind. Was sie hervorhebt ist das Gebiet ihrer Fertigkeiten: Der menschliche Leib. Da sie täglich mit Krankheit und Tod kämpfen, immer wieder die Tabus beispielsweise das Berühren einer Leiche überschreiten, haben sie eine Sonderstellung inne. Wie heiß es: Wenn man den Arzt rufe, erscheine er als Engel, kuriere er von der Krankheit, werde er sogar zu einem Gott und präsentiert er die Rechnung, erscheint er gar als Teufel in Person. Zu guter Letzt gehört ein Arzt außerdem zu der Personengruppe, die von der Mehrheit der Bevölkerung als besonders glaubwürdig angesehen wird. Wahrscheinlich ist die Tendenz, Medizinergeschichten für unglaubwürdig zu erachten, daher eher weniger ausgeprägt.

Marburg und Medizin hängen schon lange zusammen und die hiesige Pathologie ist allein schon wegen ihren Ausstellungsstücken bekannt. Es darf also nicht verwundern, dass auch hier eine Wandersage ihren Anfang nahm: es muss wohl Mitte der 60er Jahre gewesen sein, als ein junger Student der Medizin an der Philippsuniversität Marburg während seiner Kliniksemester eine Leiche zur Untersuchung vorgelegt bekam. Nachdem er längere Zeit mit der Leiche zugebracht und auf alle möglichen Krankheiten die diese Person zu Lebzeiten plagten, hingewiesen hatte, geht er schließlich auf die mögliche Todesursache ein. Letztendlich signalisiert der prüfende Professor Zufriedenheit, greift aber schließlich selber zum Skalpell um mit dessen stumpfen Ende auf die Augäpfel der Leiche zu stoßen. „Sagen Sie, ist Ihnen nicht aufgefallen, daß dieser Patient Glasaugen hat?“ – „Ich kannte diesen Mann seit über 20 Jahren, er hat nie Probleme mit den Augen gehabt.“

In dieser Erzählung wird zwar mit keiner Silbe erwähnt, woher der Erzähler diese Geschichte hat, aber durch die Nennung des Ortes und der Zeit, sowie dem Status des Akteurs, in diesem Fall immatrikulierter Student der Medizin, bekommt sie ihre Glaubwürdigkeit. Das Umfeld, d. h. die Leiche, ein angehender Arzt, ein Skalpell, weisen auf die Genese einer modernen Wandersage hin, aber es fehlt das Unfassbare, der Tabu-Bruch, der nur unterschwellig durch Anwesenheit eines Skalpells und einer Leiche ausgedrückt wird, das Schockierende. Zum Ende hin wendet sich diese Erzählung sogar zu einem Witz im Stile des *black humour*, da der Moment des Schocks – Wiedersehen eines toten Bekannten – gar nicht erwähnt wird, vielmehr erscheint es als Normalität, einen Bekannten zu obduzieren. Die gesamte Situation ist ernst und doch schwenkt sie über in die Komik. „Das Tabu des Todes, das durchbrochen und makaberen Spielereien überantwortet wird."

Ich sehe den Grund, warum diese Erzählung doch noch in die makabre Ecke der Wandersagen einzuordnen ist, in der Phantasie des Hörers. Nichts wird erwähnt, aber man stellt sich vor, was passiert. Auch wenn so etwas in einer Obduktion weniger vorkommt, fallen einem doch unbewusst abgehauene Glieder, ein abgehauener Kopf, eine vom Arm getrennte Hand ein, die an sich schon etwas ungemein Unheimliches haben, selbst wenn ihnen nicht explizit *lebende Tätigkeiten* (z. B. tanzende Füße) zugeschrieben werden, wie dies in historischen Volkssagen der Fall ist. Selbst wenn wir dies bewusst nicht wahrhaben wollen, sitzt doch tief in uns immer noch die primitive Angst vor Toten, auch wenn unbestimmt bleibt, wovor man sich eigentlich genau fürchtet. Das Handbuch des deutschen Aberglaubens wertet eine Leiche als unrein, als tabu. Die Furcht vor den Toten ist so groß, das der „erwachsene Kultivierte [- im Gegensatz zu Kindern -]... den Tod eines anderen auch nicht gerne in seinen Gedanken einsetzen [wird], ohne sich selber als böse zu erscheinen, es sei denn, daß er berufsmäßig als Arzt, Advokat oder dergleichen mit den Toten zu tun hat." Außerdem stellen wir die Kritik gegen den Toten ein, sehen ihm sein etwaiges Unrecht nach, geben den Befehl aus *de mortuis nil nisi bene* und finden es gerechtfertigt, daß man ihm in der Leichenrede und auf dem Grabstein das Vorteilhafteste nachsagt. Die Rücksicht auf den Toten, derer er doch nicht mehr bedarf, steht uns über der Wahrheit, den meisten von uns auch über der Rücksicht für die Lebenden.

Obwohl die oben behandelte Wandersage keineswegs dem Idealtypus einer Wandersage zu entsprechen scheint, kursieren doch ziemlich viele Varianten von ihr, die meistens darauf hinauslaufen, daß der angehende Mediziner während seiner Präparationskurse an einer Leiche übt, bei der sich später herausstellt, daß es der eigene Onkel, Freund, Bruder etc war. Auch Rolf W. Brednich berichtet in seinem Buch *Das Huhn mit dem Gipsbein* von solchen Begegnungen in der Marburger Pathologie. In der von ihm schriftlich fixierten Variante ist es ein Tuch, das dem Studenten es unmöglich macht, die Identität des Toten zu entdecken, bevor er mit seiner Arbeit begonnen hat. Eine kurze Recherche im Internet zeigte, dass diese Geschichte verbreitet zu sein scheint, auch wenn sie immer nur als Begriff erwähnt wird, aber als ausformulierte Erzählung war sie nicht zu finden. Wenigstens Klintberg schildert eine skandinavische Version der Geschichte, die sich allerdings bereits zu Beginn des 19.Jahrhunderts zugetragen haben soll:

„Zu Beginn unseres Jahrhunderts war es üblich, daß junge Männer, die an der Universität studierten, ein Verhältnis mit einem Mädchen aus einer der niedrigeren Gesellschaftsschichten hatten, etwa mit einer Kellnerin oder einer Verkäuferin. Nach Beendigung des Studiums, wenn sie eine Familie gründen konnten, verließen sie das Mädchen und heirateten eine junge Frau aus ihrer eigenen Klasse, die selbstverständlich Jungfrau war. Als mein Großvater Medizin studierte, hatte sein Studienkollege ein Verhältnis mit einem Mädchen, das Verkäuferin in einem Zigarettenkiosk war. Sie muss ihn wirklich geliebt haben, denn als er Schluss machte, ging sie in den Nybrovnik und ertränkte sich. Vielleicht war sie auch schwanger, daran erinnere ich mich nicht so genau. Der junge Anwärter der Medizin wusste nichts von dem Selbstmord seiner Geliebten, als er einige Tage später eine Obduktion durchführen sollte. Die Leiche war zugedeckt, als sie in den Obduktionssaal geschoben wurde. Umgeben von seinen Studienkollegen und dem Professor hob er das Laken. Die anderen sahen, daß er kreidebleich wurde. Dann bat er darum, die Obduktion nicht durchführen zu müssen, und entschuldigte sich mit plötzlicher Übelkeit. Aber mein Großvater, der dabei war, hatte die Leiche auf dem Wagen wieder erkannt. Es war die tote Geliebte seines Freundes. „

In seinen Erläuterungen zu dieser Erzählung erwähnt Klintberg noch zwei weitere Beispiele: Paul Smith gibt in seinem *The book of nasty legends* ein englisches Beispiel. Bei den Obduktionen, die einen Teil der ärztlichen Ausbildung ausmachen, sei es Sitte, daß man mit den Füßen beginne und sich bis zum Kopf vorarbeite, schreibt Smith. Jede Woche obduziert der Student einen anderen Körperteil, von den vergleichsweise einfachen Gebieten schreitet er zu den komplizierten fort. Alle noch nicht obduzierten Körperteile sind von einem Tuch bedeckt, und während der Übungsstunden wird der Leichnam in einem Kühlhaus verwahrt. Ein Medizinstudent entdeckte in der letzten Stunde, daß die Leiche, die dem Kurs wochenlang als Versuchsobjekt gedient hatte, sein kürzlich verstorbener Onkel war. Sowie eine Geschichte zu Zeiten des englischen Schriftstellers Laurence Stern - er lebte im 18. Jahrhundert. Zu jener Zeit gab es jene lichtscheuen Individuen, die sich dadurch Zubrot verdienten, daß sie auf den Friedhöfen frisch vergrabene Leichen ausbuddelten und sie an Professoren der Medizin verkauften, die sie für ihren anatomischen Anschauungsunterricht benötigten. Dieses Schicksal ereilte der Sage nach auch Laurence Sterns sterbliche Überreste. Der Professor hatte einige Bekannte aus London zu dieser Vorführung eingeladen, unter ihnen auch einen engen Freund des toten Schriftstellers. Beim Anblick Sterns fiel er in Ohnmacht.

Zum Abschluss möchte ich aber noch eine weitere kurze Wandersage vorstellen, die dem Satiremagazin *Titanic* in seinen *Briefen an die Leser* im Oktober diesen Jahres auffiel und indirekt kommentiert wurde: „Unter der Überschrift „Wunderheilung. Der tote Mann, der unverwundbar sein wollte“ lasen wir bei Dir [d. h., *Spiegel.de*] folgendes: „Manche Menschen glauben einfach alles und müssen dann teuer dafür bezahlen. Einem Mann aus Surinam wurde nun seine Leichtgläubigkeit zum Verhängnis. Ein Wunderheiler hatte William Potogi in der Stadt Apatoe versprochen, ihn durch Magie unverwundbar zu machen - doch so ganz klappte das nicht. Denn als der Zauberdoktor den Beweis antreten wollte - dazu schoss er mit einer Flinte auf die Brust seines Kunden - brach dieser zusammen. Nach Angaben der Polizei erlag Potogi wenig später seinen schweren Verletzungen.“ Entweder, *Spiegel.de*, ist diese Geschichte schon mal passiert, denn wir haben sie vor einem Jahr schon mal gelesen; oder es ist die selbe schöne Yuccapalmen-Pistole, die die Legendenbildung einfach von wer weiß Togo nach Surinam verlegt hat. Und solange manche Menschen einfach alles glauben! Freut sich auf die nächste Runde: *Titanic*“ Übrigens fand sich die gleiche Geschichte in leicht abgewandelten Versionen auch in den Bremer Nachrichten, Weser-

Kurier und in der Neue Vorarlberger Tageszeitung und die Quelle war die Deutsche Presse Agentur.

Literatur

BÄCHTOLD-STÄUBLI, Hanns (Hg.)
1936 *Handbuch des deutschen Aberglaubens*; Walter de Gruyter & Co, Berlin & Leipzig.

BAUSINGER, Hermann
1980 *Formen der Volkspoesie*; Erich Schmidt Verlag, Berlin.

BREDNICH, Rolf Wilhelm
19XX *Das Huhn mit dem Gipsbein*; C.H. Beck, München.
1999 *Die Spinne in der Yucca-Palme*; C.H. Beck, München.

FREUD, Sigmund
19XX „Werke aus den Jahren 1913-1917"aus: *Gesammelte Werke*, Bd. X, Lingam Press, [Ort unbekannt].
19XX „Werke aus den Jahren 1917-1920" aus: *Gesammelte Werke* Bd. XI, Lingam Press, [Ort unbekannt].

KLINTBERG, Bengt Af
1990 *Die Ratte in der Pizza*; Wolfgang Butt Verlag, Kiel.

TITANIC
2002 *Titanic – das endgültige Satiremagazin*, Ausgabe Nr. 10, Oktober 2002, Titanic-Verlag, Berlin.

Wie wählt Russland? Russlands Staatsoberhäupter im Spiegel[41]

Gespannt hat die Welt dank moderner Medien auf die Geschehnisse in der Ukraine im Frühjahr 2014 geschaut, den Umbruch mitverfolgt und stellt sich nun die Frage, wie der derzeit invasive Einfluss Russlands auf sein Nachbarland sich in den kommenden Wochen entwickeln wird. Jedoch ist dieser kurze Text nicht der Weltpolitik gewidmet, sondern Wladimir Putins Politik gegenüber der neuen Ukrainischen Regierung und der dort lebenden russischen Bevölkerung, brachte eine Laune der Geschichte in Erinnerung, auf die ich vor 14 Jahren von einem ukrainischen Russen aufmerksam gemacht worden bin – und die sich seitdem in den Wahlen zum russischen Präsidenten bestätigt hat.

Immer wieder, wenn es zum Wechsel an der Spitze von Russlands Regierung kommt, finden sich unzählige Experten, die genau wissen, warum welcher Kandidat wie gute Chancen auf das Präsidentenamt hat. Unzählige plausible und manchmal weniger plausible Gründe werden ins Feld geführt – und dann ist da wieder diese Laune der Geschichte: Stellen sie sich einen langen Gang vor, einen mit Licht durchfluteten Flur, an dessen linker Wand die Portraits der russischen Staatsoberhäupter in chronologischer Reihenfolge auf sie herabblicken. Heben sie den Blick und schauen sie ihnen direkt ins Gesicht. Dort prangt er, der letzte Zar Nikolaj Alexandrowitsch Romanow (1868 – 1918), mit seinem Vollbart und dunklem Haar.

---

[41] Der Text basiert auf einer kurzen Tischrede, gehalten am 22.07.2009 bei der Deutsch-Japanischen Gesellschaft Wetter.

Zar Nikolaj Romanow (1868 - 1918)[42]

Sie gehen weiter und sehen das Bild des Mannes, der nach der Revolution und der Ermordung der Zarenfamilie an die Spitze der Macht in der neu gegründeten Sowjetunion kam. Sie sehen das glatte Haupt von Wladimir Iljitsch Uljanow, genannt Lenin (1870 - 1924), der zwar nur informell Oberhaupt der kommunistischen Partei gewesen ist, aber doch die Macht in Händen hielt. Nach Verständnis von Partei und Staat war der Parteiführer der kommunistischen Partei Machthaber in der Sowjetunion. Nach seinem Ableben folgte der wohl bekanntesten Glatze der russischen Geschichte der haarige Stalin. Josef Wissarionowitsch Stalin (1878 - 1953), geboren als Iossif Wissarionowitsch Dschugaschwili, war bis zu seinem Tode in 1953 der mächtigste Mann im Land.

Auf Stalin folgte die hohe, bis in den Nacken reichende Stirn Nikita Sergejewitsch Chruschtschows (1894 - 1971, Amtszeit 1953 - 1964), der wiederum im Amte von Leonid Iljitsch Breschnew (1906 - 1982; Amtszeit 1964 - 1982) mit seinen streng nach hinten gekämmten Haar abgelöst wurde. Mit Breschnews Tod übernahm Juri Wladimirowitsch Andropow (1914 - 1984; Amtszeit 1982 -

---

42 Quelle: Wikipedia http://commons.wikimedia.org/wiki/File:Nicholas_II_of_Russia_painted_by_Earnest_Lipgart.jpg; Stand 09.04.2014.

1984) die Lenkung des Staates, bis er nach nur zwei Jahren im Amt verstarb.

Lenin (1870 - 1924)[43] Stalin (1878 - 1953)[44]

Von Links: Chruschtschow, Breschnew und Andropow[45]

---

[43] Quelle Wikipedia http://commons.wikimedia.org/wiki/File:Bundesarchiv_Bild_183-71043-0003,_Wladimir_Iljitsch_Lenin.jpg, Stand 09.04.2014.

[44] Quelle Wikipedia http://commons.wikimedia.org/wiki/File:Stalin_lg_zlx1.jpg, Stand 09.04.2014.

[45] Quelle Wikipedia http://commons.wikimedia.org/wiki/File:Nikita_Khruchchev_Colour.jpg, http://commons.wikimedia.org/wiki/File:Brezhnev-color.jpg,

Auf Andropow folgte Konstantin Ustinowitsch Tschernenko (1911 - 1985; Amtszeit 1984 - 1985) wenn auch nur kurz in den Kreml. Hier in unserem imaginären Flur sticht sein weißes Haar im Lichte besonders hervor. Gerade auch in der Nachbarschaft zur Stirne Michail Sergejewitsch Gorbatschows (geboren 1931, Amtszeit 1985 - 1991) mit ihrem dunklen Muttermal, das volles Haupthaar nie so zur Geltung gebracht hätte. Auf ihn folgte Boris Nikolajewitsch Jelzin (1931 - 2007; Amtszeit 1991 - 1999), der wiederum von dem bereits oben erwähnten Wladimir Wladimirowitsch Putin (geb. 1952) abgelöst wurde.

Von links: Tschernenko[46], Gorbatschow[47] und Jelzin[48]

---

http://commons.wikimedia.org/wiki/File:Yuri_Andropov_-_Soviet_Life,_August_1983.jpg, alle Stand 09.04.2014.

[46] Quelle http://de.academic.ru/pictures/dewiki/75/Konstantin_Chernenko.jpg; Stand 09.04.2014.

[47] Quelle Wikipedia http://commons.wikimedia.org/wiki/File:RIAN_archive_359290_Mikhail_Gorbachev.jpg, Stand 09.04.2014

[48] Quelle: Wikipedia http://commons.wikimedia.org/wiki/File:%D0%91%D0%BE%D1%80%D0%B8%D1%81_%D0%9D%D0%B8%D0%BA%D0%BE%D0%BB%D0%B0%D0%B5%D0%B2%D0%B8%D1%87_%D0%95%D0%BB%D1%8C%D1%86%D0%B8%D0%BD.jpg; Stand 09.04.2014.

Wladimir Putin ist wohl auch einmal unseren imaginären Flur entlang gegangen, denn er scheint diese Laune der Geschichte durchschaut zu haben. Noch während seiner ersten Amtszeit als Präsident der Russischen Föderation 2000 bis 2008 förderte und protegierte er seinen Nachfolger mit jugendlicher Tolle Dmitri Anatoljewitsch Medwedew (geboren 1965). Als Medwedew 2008 ins Amt folgte und bis 2012 Präsident war, ging Putin sozusagen in Warteposition auf den Posten des Ministerpräsidenten, um, sobald es im gesetzlich wieder möglich war, in einer politischen Rochade 2012 erneut den Posten des Präsidenten zu übernehmen. Seitdem stellt Medwedew den Ministerpräsidenten. Alternierend auf diesen zwei Posten des Präsidenten und Ministerpräsidenten rochierend, werden wir sehen, welche optischen Reize ein potentieller externer Nachfolger auf dem Haupte trägt.

Unsere Rochade-Partner Putin und Medwedew[49]

Nun mag diese Überlegung an den Haaren herbeigezogen zu sein, aber es ist nun einmal eine Laune der Geschichte.

---

[49] Quelle Wikipedia
http://commons.wikimedia.org/wiki/File:Vladimir_Putin_-_2006.jpg und http://commons.wikimedia.org/wiki/File:Dmitry_Medvedev_in_Saint_Petersburg,_19_April_2012-6.jpg; beides Stand 09.04.2014.

Hinweise für Interessierte Autoren zur Manuskriptgestaltung

Die Reihe *Carrière - Steinbruch ethnologisch-kulturwissenschaftlicher Beiträge* ist insbesondere für junge Autoren gedacht, denen bislang eine passende Publikationsplattform für von ihnen bearbeitete Themen fehlte. Nicht nur Studenten höherer Fachsemester fällt es aufgrund fehlender „akademischer Weihen" schwer, mit ihren Manuskripten, Referaten oder Essays ein Publikum außerhalb des Hörsaales zu erreichen. Dabei finden sich gerade hier oftmals gute und förderungswürdige Ansätze, die aber leider häufig verloren gehen, da sie keinen Eingang in spätere, veröffentlichte Arbeiten finden. *Carrière - Steinbruch ethnologisch-kulturwissenschaftlicher Beiträge* soll dabei mehr sein, als nur ein Titel – es ist ein Motto: neben in sich geschlossenen, fertig gestalteten Arbeiten sind es gerade unfertige, thematisch angerissene Projekte, die ähnlich einem heraus gebrochenen und roh vorgearbeitetem Stein der Allgemeinheit zugänglich gemacht werden, damit ein weiterer Künstler respektive Handwerker seines Faches diesen Stein aufgreift und vollendet.

Carrière - Steinbruch ethnologisch-kulturwissenschaftlicher Beiträge druckt dabei Originalbeiträge in deutscher oder englischer Sprache ab. Beigefügte Bilder oder Unterlagen müssen einen Herkunfts- und Erlaubnisvermerk für die Wiedergabe haben. Bei eingereichten Materialien von weniger als 30 Seiten (Formatierungsvorlage folgend) behält sich der Herausgeber vor, diese in einer Art Sammelband zu veröffentlichen. Einem Wiederabdruck an anderer Stelle steht seitens des Herausgebers nichts im Wege, solange sichergestellt ist, dass die Veröffentlichung in der Reihe *Carrière -*

Steinbruch ethnologisch-kulturwissenschaftlicher Beiträge zeitlich früher erfolgt.

Beitragsgestaltung:

- Titel des Beitrages
- Name des Autors
- Längere Aufsätze sollten durch Zwischenüberschriften unterteilt werden, eine Gliederung wird allerdings nicht vorangestellt.
- Der Beitrag kann Abbildungen, Schaubilder und Graphiken enthalten, die je nach Bildfolge durchnumeriert, durch einen knappen Text erläutert und mit einer Quellenangabe versehen werden. Bei Abbildungen stehen die Angaben im Gegensatz zu Tabellen unter der dazugehörenden Abbildung. Die Abbildungen sind zusätzlich als Bilddatei in komprimierter Form einzureichen (.jpg, .jpeg, .gif).
- Literaturangaben sowie Anmerkungen erfolgen in Fußnoten. Die Aufschlüsselung der Literaturangaben erfolgt im Literatur- und – falls gegeben – Quellenverzeichnis am Ende des Essays. In der Fußnote erfolgen Literaturangaben im Schema: Ropohl 1979:12. Angaben wie ff hinter Seiten sind zu vermeiden. Die Aufschlüsselung im Literaturverzeichnis ist wie folgt anzugeben:

  BURUMA, Ian
  1996 Erbschaft der Schuld. Vergangenheitsbewältigung in Deutschland und Japan. Reinbek: Rowohlt.

  KNIGGE, Volkhard
  2002 „Gedenkstätten und Museen", in derselbe/ Norbert Frei *Verbrechen erinnern. Die Auseinandersetzung mit Holocaust und Völkermord*. München: Beck, S. 378-389.

  Hiroshima Peace Memorial Museum / HPMM (Hg.)

2004 Hiroshima Peace Memorial Ceremony. Hiroshima: HPMM. http://www.city.hiroshima.jp/shimin/shimin/shikiten/shikiten-e.html [Letzter Zugriff: 08.02.2005].

Regeln zur Vereinheitlichung der elektronischen Texterfassung

Um eine kostenlose Veröffentlichung der eingereichten Beiträge ermöglichen zu können, ist der Herausgeber auf die Mitarbeit eines jeden Autors angewiesen.

Formatierung: Der gesamte Text sollte in *Book Antiqua* Schriftgröße 14 pt bei einem Zeilenabstand von mindestens 16 pt formatiert werden. Für Fußnoten gilt eine Schriftgröße von 12 pt bei einem Zeilenabstand von 14 pt. Seitenränder betragen oben, rechts sowie links jeweils 3 cm, unten 4 cm.

Rechtschreibung: Es sind entweder die Regeln der alten Rechtschreibung oder die der neuen Rechtschreibung anzuwenden. Mischformen sollten vermieden werden. Der Autor ist für die orthographische sowie grammatikalische Korrektheit seines Beitrages verantwortlich.

Schreibweisen: Der gesamte Text ist in herkömmlicher Groß- und Kleinschreibung zu verfassen. Auf Versalien-Schrift ist zu verzichten. Hervorhebungen erfolgen ausschließlich kursiv.

Trennen: Der Text sollte weder automatische noch handgesetzte Trennung enthalten.

Absätze: Ein Absatz ist mit einer Zeilenschaltung zu beenden und der nächste Absatz eingerückt zu beginnen, aber ohne eingeschobene Leerzeile. Ein Absatzende bedeutet auch immer das Ende eines Gedankens.

Überschriften sind in der gleichen Schriftgröße in Fett zu formatieren. Weitere Zwischenüberschriften sind durch vorangehende und folgende Leerzeilen vom laufenden Text abzusetzen. Eine weitere Hervorhebung erfolgt nicht.

Abkürzungen sind beim ersten Auftreten in folgender Klammer zu entschlüsseln, es sei denn, es handelt sich um eingebürgerte Abkürzungen außerhalb von Fachsprachen. Zahlen kleiner als 13 sind als laufender Text zu schreiben. Sonderzeichen sind im Fließtext mit Bedacht zu gebrauchen. Insbesondere auf Sonderzeichen, die für verschiedene Textverarbeitungsprogramme spezifisch sind, sollte verzichtet werden

Anführungszeichen: Typographische Anführungszeichen stehen am Anfang unten („) und am Ende oben und kopfstehend (“). Bitte achten Sie darauf, dass nicht unterschiedliche Sorten von Anführungszeichen gemischt werden.

Apostrophe: Um Apostrophe zu erzeugen (bei einfachen Anführungen, bei Auslassungen wie bei „für's“ oder Genitiven im Englischen [nicht im Deutschen!]) die Apostroph-Taste betätigen (SHIFT+#), nicht die Taste *accent-grave* ^ oder *accent-aigu* (').

Fremdwörter: Fremdwörter aus flektierenden Sprachen können grammatikalisch in den deutschen Fließtext eingearbeitet werden (z.B. die Kreuzigung Christi). Bei nicht flektierenden Sprachen ist auf Genetiv- oder Pluralkennzeichnungen zu verzichten (z.B. ein Samurai, zwei Samurai). Nicht im Duden stehende Fremdwörter sind kursiv zu setzen. Das gilt nicht für Eigennamen.

Namen: Namen aus Kulturen, die den Familiennamen vor den Eigennamen setzen, sind in dieser Reihenfolge anzugeben, die Schreibweise erfolgt dabei wie die jeweilige Person sich schreibt. Namen von Publikationen (Buchtitel) sind im Fließtext kursiv zu setzen und – falls nicht auf Deutsch oder Englisch – zu übersetzen.

Namen von Institutionen sind neben der deutschen oder englischen Bezeichnung auch in der jeweiligen Landessprache anzugeben.

Manuskripte sind an den Herausgeber zu richten:

Kalden-Consulting
Email: info@kalden-consulting.de